SOBRE OS OMBROS DE UM GIGANTE

Blucher

SOBRE OS OMBROS DE UM GIGANTE

Da base rochosa subjacente à eficácia psicanalítica

Héctor Alberto Krakov

Título original: *En hombros del gigante: desde el baseamento rocoso subyacente e la eficacia psicoanalítica*
Sobre os ombros de um gigante: da base rochosa subjacente à eficácia psicanalítica

Publisher Edgard Blücher
Editor Eduardo Blücher
Coordenação editorial Jonatas Eliakim
Preparação de texto Diego Rodrigues Silva
Capa Leandro Cunha
Imagem da capa iStockphotos

Blucher

Rua Pedroso Alvarenga, 1245, 4° andar
04531-934 – São Paulo – SP – Brasil
Tel.: 55 11 3078-5366
contato@blucher.com.br
www.blucher.com.br

Segundo o Novo Acordo Ortográfico, conforme 5. ed. do *Vocabulário Ortográfico da Língua Portuguesa*, Academia Brasileira de Letras, março de 2009.

Dados Internacionais de Catalogação na Publicação (CIP)
Angélica Ilacqua CRB-8/7057

Krakov, Héctor Alberto

Sobre os ombros de um gigante : da base rochosa subjacente à eficácia psicanalítica/ Héctor Alberto Krakov. - São Paulo : Blucher, 2022.

194 p.

Bibliografia
ISBN 978-65-5506-332-5

1. . Psicanálise 2. Clínica psicanalíticas 3. Psicologia I. Título

22-5872 CDD 150.195

Índice para catálogo sistemático:
1. Psicanálise

Conteúdo

Introdução

Depois de mais de cinquenta anos no exercício da profissão de psicanalista, não tenho dúvidas de que é muito difícil saber "o que é a psicanálise". Claro, não estou me referindo ao que os autores ou escolas dizem sobre a psicanálise. O difícil é ter uma noção clara da psicanálise como ferramenta terapêutica. Para ir direto ao ponto: como a psicanálise cura?

Nos últimos vinte anos venho explorando esse problema que se circunscreve conceitualmente como a eficácia psicanalítica. Esse é o eixo conceitual do livro, em que proponho viajar "nos ombros de um gigante". Tenho certeza de que Sigmund Freud, ao descobrir e postular a existência do inconsciente psíquico, adquiriu a dimensão de um Gigante e foi graças a minha localização que pude gerar conceitualmente uma contribuição que acredito poder enriquecer o campo psicanalítico.

Sabemos que ler a Obra freudiana não é tarefa fácil. Ela é enorme, às vezes cativante e geralmente muito inspiradora. No entanto, também se torna uma tarefa difícil e tediosa. Possui uma qualidade particular: certos artigos, que posso ter lido em várias ocasiões, acabam apresentando aspectos que "vou descobrir" após sucessivas releituras ao longo dos anos. Alguns deles aparecerão neste texto: a atemporalidade do inconsciente, a tramitação psíquica, a operação genuína da terapia analítica, a pulsão emergente e muitos outros. Contudo, não gostaria de deixar de citar uma frase que faz parte do título deste livro: "o biológico constitui, para o psicológico, sua base rochosa subjacente". A frase está incluída em Análise Terminável e Interminável (19371991c), no final da produção de Freud. Estou convencido de que essa é a razão pela qual sempre foi cético quanto aos efeitos clínicos da psicanálise. Tanto é que chegou a afirmar que a psicanálise é uma das três profissões impossíveis de exercer, junto com governar e educar.

A primeira metade desse livro apresenta uma leitura sequencial de textos de sua obra sobre a técnica psicanalítica. Queria registrar esse percurso para a geração de jovens colegas; foi um esforço que valeu a pena. Tenho a total convicção de que um físico não poderia falar sobre a teoria da relatividade sem ter estudado exaustivamente a proposta de Albert Einstein, embora considere que uma grande proporção de jovens colegas dedicados à psicanálise pode não ter lido textos freudianos. E, ainda mais, talvez possam estar convencidos de que não é necessário fazer isso. Portanto, sem esperar que a leitura da síntese que preparei fosse suficiente, imaginei que quem a lesse teria uma ideia da técnica analítica como um todo. A partir da qual, ela poderia gerar interesse para buscar, em particular, conceitos ou ideias no texto original.

A segunda parte do livro contém minha posição sobre a eficácia psicanalítica. Ela começa com um trabalho que valorizo especialmente: "Estudo sobre o conceito de *agieren*" (KRAKOV, 2010). Trata-se de uma exploração conceitual do termo usado por Freud, em alemão, para a posta em ato do inconsciente. Ao verificar o conceito nas edições em alemão, inglês e espanhol, cheguei à conclusão de que, quando foi traduzido para o inglês, pode ter havido um deslocamento de sentido, trazendo consequências para a psicanálise como um todo.

O texto continua com dois casos clínicos de colegas, o paciente K e o tratamento de um menino de 10 anos. Por meio deles, relaciono minha proposta conceitual do *sujeito inconsciente* com a noção de *enactment*, encerrando com minha postulação sobre a eficácia psicanalítica.

PARTE I
A técnica psicanalítica: uma leitura das obras freudianas

1. Trabalhos sobre hipnose e sugestão (1888-92/1992x)

Introdução

A técnica psicanalítica contém, em seu fundamento, a experiência que Freud vivenciou no Hospital Salpètrieré em Paris. Observando os tratamentos hipnóticos que Charcot realizava com pacientes histéricos, ficou chocado com o comportamento que os pacientes tinham com o hipnotizador.

Nos artigos técnicos podemos encontrar conceitos que foram consequência desta experiência inaugural: a) a influência da personalidade do hipnotizador na transferência positiva sublimada, b) o uso do divã, com o objetivo de que o paciente se encontre em situação semelhante à da hipnose.

De qualquer forma, o que inaugurou toda a sua obra foi a descoberta da existência de um segundo nível de funcionamento psíquico, com características e leis próprias.

Freud se interessou pelo método hipnótico desde muito jovem. Em particular pelas obras de Josef Breuer, seu futuro colaborador, que usava a hipnose com propósitos terapêuticos. Depois de sua experiência na clínica Charcot, onde pôde verificar os reais efeitos da hipnose, passou a usá-la com uma frequência cada vez maior. De qualquer forma, Freud deixava claro que, embora se interessasse pela sugestão, estava mais interessado na possibilidade de rastrear a origem dos sintomas, com o método catártico de Breuer.

Pouco depois parou de usar a hipnose, pois lhe parecia "um método caprichoso e místico" com o qual só conseguia colocar em transe uma pequena parcela de seus pacientes. A seguir, criou um método para produzir os efeitos da sugestão sem colocar os pacientes em estado hipnótico. No início, propôs aos pacientes o "estado de concentração", com o qual conseguia substituir o sono pela hipnose. O objetivo era que os pacientes se lembrassem do episódio traumático que tinha causado seus sintomas. Com esse objetivo, Freud desenvolveu a "técnica de pressão na testa". Ele garantia a seus pacientes que, assim que pressionasse a testa, a informação desejada apareceria. Pouco tempo depois, ele desistiu da pressão na testa e, em vez disso, recomendou que fechassem os olhos.

Por fim, sua técnica foi definida com um aspecto que incluía parte da história da hipnose:

> *Eu sigo o conselho de pedir ao paciente para deitar no divã enquanto você senta atrás, de tal forma de não ser visto por ele. Essa cenografia tem um significado histórico: é o resto do tratamento hipnótico a partir do qual a psicanálise foi desenvolvida. Mas, por diversas razões, ela merece ser preservada (FREUD, 1888-92/1992)*

Freud aparentemente teria usado a hipnose com eficácia desde 1886 até 1896. E sempre sentiu carinho pela "velha técnica hipnótica" que lhe permitia conhecer certos processos psíquicos. "Somente em virtude disto pudemos ter a ousadia de criar situações complexas na cura analítica, e mantê-las transparentes" (FREUD, 1888-92/1992).

2. Tratamento psíquico (ou anímico) (1890/1992x)

Trata-se de uma obra inaugural na qual Freud se propõe a considerar a abordagem do psíquico "como tratamento da alma" (Freud, op. cit.). Ele afirma que os distúrbios, tanto emocionais quanto corporais, podem ser tratados por meio de recursos que "de maneira primária e imediata influenciam sobre o anímico do homem". Portanto, afirma que o instrumento essencial para tratar o anímico são as palavras. Ele difere, portanto, das abordagens médicas da época, que consideravam que as alterações dos pacientes eram entendidas do ponto de vista biológico-fisiológico. Para isso, ele tomava como referência o número de sintomas nos pacientes, que apareciam e desapareciam sem causa alguma. Naquela época, embora fosse admitido que eles estavam vinculados a estados emocionais, sustentava-se que eram doenças funcionais do sistema nervoso.

Em forma progressiva, foi se consolidando a ideia do efeito da influência anímica sobre o corpo. A relação entre corpo e alma e, muito especialmente, a expressão das emoções, veio daí. A "expectativa angustiada" que influenciava a possibilidade de adoecer, e a "expectativa otimista", que favorecia a cura do paciente, se tornaram relevantes. Elas exerciam um certo efeito sobre a maioria dos tratamentos na moda ou nas curas milagrosas. O mesmo acontecia com os tratamentos realizados por profissionais em pacientes renomados da época.

A expectativa confiante do paciente quanto à possibilidade de cura começou a ganhar relevância. Muito em particular a confiança no médico que o tratava, visto que este aparecia rodeado por uma auréola especial. Era uma característica que vinha da antiguidade. Nos povos antigos, eram os sacerdotes que, graças ao poder divino, realizavam os tratamentos para curar pacientes. Portanto, as palavras em sua condição de "ensalmo"[1] foram as melhores mediações para animicamente influenciar a cura de um paciente. Com esse pano de fundo, o método hipnótico passou a ser utilizado para exercer influência com finalidade terapêutica, embora transitória, na vida anímica dos pacientes. Conseguia-se, com a hipnose, colocar o paciente para dormir, preservando os desempenhos mentais que faltam no sono normal. O mais surpreendente foi o comportamento dos pacientes em relação ao hipnotizador:

> *Eles só ouviam e viam essa pessoa, e a ela obedeciam, sem restrição alguma. Se o hipnotizador dissesse: "Você está vendo uma cobra, cheire uma rosa, ouça a mais bela música", a pessoa hipnotizada via, cheirava e ouvia o que ele pedia. "Pedia a representação que foi inculcada" (...) Então se observa que ele viu e ouviu como vemos e ouvimos nos sonhos: ele alucinou (FREUD, op.cit., p. 126 -127)*

1 Salmo (do latim: tocar as cordas de um instrumento musical). Composição ou cântico de louvação a Deus.

Só em certas situações da vida normal observava-se este tipo de relação em que existia uma entrega total: é a que os filhos pequenos têm com os pais e também certos amantes com a pessoa amada. O efeito dos hipnotizadores nos pacientes era chamado de "sugestão". Era importante saber que um paciente podia ser forçado a ver coisas que não existiam ou, inversamente, podia ser proibido de ver algo que estava ali (alucinação negativa). Também era possível dar-lhe a ordem para executar uma ação após o despertar; chamada sugestão pós-hipnótica. Em tais casos, se o paciente fosse perguntado por que ele tinha feito tal ação, ele dava uma explicação banal, muitas vezes sem sentido (comportamento conhecido como racionalização).

Além disso, na hipnose profunda, os pacientes não se lembravam de nada do experimentado durante o transe hipnótico. É um setor que se mantinha separado do resto do psíquico. Também parecia que a obediência do doente ao médico dependia mais do paciente do que das virtudes do hipnotizador. Um aspecto importante a ser levado em consideração: não se podia fazer com que um doente praticasse uma ação contra sua posição ética ou moral (pedir uma mulher recatada para se despir ou um homem honesto para roubar um objeto, por exemplo). Finalmente, nas doenças anímicas graves, não eram obtidos resultados positivos com um único transe hipnótico.

3. O método psicanalítico de Freud (1904[1903]/1992g)

Na nota introdutória, James Strachey menciona que a única coisa que restava do método hipnótico na época da publicação deste trabalho era a exigência de que o paciente estivesse deitado. O método terapêutico que Freud definia e exercia como psicanálise era proveniente da terapia catártica usada por Josef Breuer dez anos antes. Sobre esse método, ambos tinham feito um relatório conjunto em 1895 intitulado "Estudos sobre a histeria" (FREUD, 1893-1895/1992i). O método catártico, assim denominado por Breuer, tinha como pré-condição que o paciente fosse hipnotizável. Ele se sustentava na expansão da consciência, obtida por meio da hipnose, e tinha como objetivo a eliminação dos sintomas dos pacientes. Consistia em conduzir o paciente de volta, em estado hipnótico, ao momento em que os sintomas ocorreram pela primeira vez. Surgiam nesses momentos recordações, pensamentos e impulsos no paciente, que nunca antes tinham aparecido em sua consciência. Quando os pacientes conseguiam se expressar emocionalmente, deixando que surgissem suas reações, a sintomatologia desaparecia. Chegou-se à conclusão de que os sintomas eram produzidos porque essa emoção havia sido sufocada e transformada em inervação somática. No entanto, por serem multideterminados, os sintomas tornavam a aparecer. Deste modo, concluíram que com o tratamento catártico apenas uma das impressões traumáticas era resolvida.

Mesmo assim, valia a pena salientar a substancial diferença que existia entre o método hipnótico tradicional e o catártico. No primeiro, o hipnotizador dava ao paciente a ordem de esquecer o episódio traumático, ao passo que com a nova operatória catártica, tentava-se fazer com que os processos psíquicos que geravam os sintomas passassem para um outro nível de funcionamento.

Freud tentou, a partir daquele momento, parar de usar a hipnose. Com o método catártico, havia desistido de exercer a sugestão direta imposta pelo hipnotizador. Ele convidava o paciente a se deitar de costas em um divã e sentava atrás dele, fora da vista do paciente. Não sugeria que este fechasse os olhos, nem qualquer outro procedimento relacionado à hipnose. Sua proposta era que o paciente se concentrasse em sua própria atividade anímica, sem que nada pudesse evitá-la. Dessa forma, conseguiu que o novo método fosse aplicável em um grande número de pacientes em comparação com aqueles que eram potencialmente hipnotizáveis. A desvantagem a ser superada era que a consciência do paciente não se expandia como acontecia com a hipnose. O achado fundamental, descoberto por Freud, foi que o equivalente à expansão da consciência poderia ser alcançado com ocorrências espontâneas. Esses eram pensamentos involuntários geralmente considerados como uma perturbação do pensamento. Por isso, propôs que se comportassem como se estivessem "de conversa fiada". Assim, ele estabeleceu a regra fundamental da análise:

> *(...) recomenda participar de tudo o que vier à mente, mesmo que lhes pareça que não seja importante, que*

> *não tem relação alguma com o assunto, ou que seja absurdo; pelo contrário, ele pede com particular ênfase que não excluam alguns pensamentos ou ocorrências da comunicação, por mais constrangedor ou doloroso que isso seja (FREUD, op. cit.).*

Quando os pacientes relatavam a história do que tinha acontecido, lacunas na memória ou distorções de datas e lugares apareciam em forma sistemática. Quando eram forçados a lembrar, um profundo sentimento de inquietação aparecia na evocação da recordação em questão. A partir desse momento, Freud conjecturou que as lacunas de memória eram determinadas por um processo que chamou de "recalque", motivado pelo desprazer gerado pela evocação. Assim, concluiu que as resistências que os pacientes opunham à possibilidade de lembrar eram clinicamente equivalentes ao processo de repressão no plano psíquico. Desse modo, foi verificado que o procedimento de conscientização do inconsciente consistia em avançar das ocorrências espontâneas para as recalcadas, sem a necessidade de hipnotizar os pacientes.

Os elementos que utilizou para ter acesso ao inconsciente não foram apenas as ocorrências espontâneas, mas também os sonhos, os deslizes na linguagem e os atos falhos. O novo método de análise, portanto, diferia dos tratamentos com hipnose que não modificavam de forma alguma as resistências existentes nos pacientes, ao contrário, estas eram intensificadas. Depois de localizado o episódio traumático, graças à expansão da consciência, os pacientes recebiam a ordem de esquecer. Por outro lado, os tratamentos com psicanálise possibilitaram que o inconsciente se tornasse consciente ao vencer as resistências, sendo beneficiados os pacientes com o "restabelecimento de sua capacidade de desempenho e gozo".

Os casos de neurose obsessiva, assim como os sintomas somáticos das histerias, iriam se beneficiar especialmente com este tipo de tratamento. Os pacientes eram obrigados a ter um certo grau de inteligência e posicionamento ético; a duração dos tratamentos variava de seis meses a três anos.

4. Sobre a psicoterapia (1905[1904]/1992v)

No início de 1900, ainda continuava em vigor no âmbito médico e tinha sido reconhecido o que junto com Josef Breuer tinham postulado em "Estudos sobre a Histeria". Nos traumas psíquicos, havia uma retenção de afetos concomitantes, razão pela qual a excitação produzida fora transferida para o corpo como um sintoma histérico. Para tal situação, Breuer e Freud utilizaram os termos *ab-reação* e *conversão.*

Contudo, o mesmo não ocorria com o método terapêutico. A psicoterapia não conseguia ser aceita pelos círculos profissionais em comparação com os procedimentos físico-químicos que continuavam sendo reconhecidos pela medicina.

Por esse motivo, Freud propôs onze argumentos em defesa da psicoterapia:

1) Em primeiro lugar, a psicoterapia não era um método moderno. Na antiguidade, já era utilizada pela medicina dos povos primitivos. Era questão de induzir nos enfermos a chamada

"expectativa crédula", ainda presente nos estudos realizados por Freud e Breuer.

2) Embora esse não fosse o propósito dos médicos, a psicoterapia fazia parte dos procedimentos terapêuticos nos quais a disposição dos pacientes para a cura participava de forma significativa.

3) Freud denominou esse fator de tanto poder, horas favorável, horas desfavorável, de *sugestão*.

4) Freud não considerou adequado deixar esse fator nas mãos dos pacientes por ele se tornar incontrolável, visto que a psicoterapia se propunha a usar a sugestão para a melhora dos pacientes.

5) Os distúrbios neuróticos eram particularmente suscetíveis a tratamentos psicoterapêuticos e neles a personalidade do médico responsável desempenhava um papel fundamental na medida em que exercia, por meio dele, uma influência psíquica.

6) Em particular, a psicoterapia analítica, diferentemente de outros procedimentos, possibilitava a compreensão dos mecanismos que caracterizam os fenômenos da doença psíquica.

7) Existia uma diferença entre a técnica sugestiva e a analítica, semelhante à que Leonardo da Vinci tinha diferenciado entre pintura e escultura. A pintura, definida por Leonardo, funciona *per via de porre*, acrescentando cores à tela branca. Enquanto a escultura foi feita per *via di levare*, "retirando da pedra o que cobre as formas da estátua nela contidas". Nesse sentido, a terapia analítica não desejava acrescentar nada, mas sim "retirar", a serviço do conhecimento da produção dos sintomas.

8) A técnica sugestiva não permitia reconhecer as resistências que entravam em jogo por meio das quais era possível compreender os motivos da produção de sintomas. "Se abandonei a técnica sugestiva tão cedo e, com ela a hipnose, é porque duvidava que pudesse

fazer uma sugestão tão forte e resistente quanto era necessário para uma sugestão duradoura" (FREUD, op. cit.).

9) O uso da técnica analítica requeria conhecimento e paciência para sua execução. Não se esperava que os pacientes fossem curados como resultado de algum tipo de confissão ou confidência. Foi assim como o Príncipe Hamlet da Dinamarca enunciava: "Com a breca! Imaginais, então, que sou mais fácil de tocar do que esta flauta? Dai-me o nome do instrumento que quiserdes; conquanto voz seja fácil escalavrar-me, jamais me fareis produzir som" (Ato III, cena 2).

10) A terapia psicanalítica baseava-se no caráter inconsciente de certos processos psíquicos. Ao traduzir os processos anímicos em jogo para a consciência, a compulsão que condiciona a vida psíquica é suprimida na medida em que os níveis superiores do pensamento podem operar sobre eles.

11) A descoberta e a tradução para a consciência eram sistematicamente acompanhadas de resistências. Resultados favoráveis seriam alcançados com a psicoterapia analítica se o paciente fosse levado a aceitar o que até esse momento rejeitava automaticamente sob o princípio do prazer e desprazer.

5. As perspectivas futuras da terapia psicanalítica (1910/1991h)

Neste escrito, Freud se propôs a mostrar como aprimorar as possibilidades do método terapêutico em um futuro próximo.

Ele pensava nisso a partir de três aspectos: o progresso interno, um aumento de autoridade e o efeito universal do trabalho analítico.

1. Progresso interno: ele estaria vinculado ao saber analítico e à técnica. a) Freud presumia que o aumento do conhecimento significaria um aumento no poder da terapia analítica. No início, o paciente tinha que dizer tudo e o analista o pressionava a fazê-lo. Naquele momento, o médico inferia e o paciente processava o dito. Desse modo, se oferecia uma representação consciente, semelhante à que teria em um estado de recalque em seu inconsciente. O outro mecanismo utilizado, ainda mais poderoso, foi o de "transferência". Havia dois aspectos relevantes: o inconsciente e o simbolismo no sonho. b) Quanto à técnica, ela partia da cura catártica para discernir os complexos, segundo expressão de Jung. Naquela época, visava-se superar as *resistências*, sabendo que os complexos seriam elucidados assim que as resistências fossem superadas.

Um novo aspecto da técnica se referia à pessoa do médico responsável, devido à influência que o material do paciente exercia sobre o sentimento inconsciente do médico. Como o número de pacientes atendidos pelos analistas havia aumentado, observou-se que "cada psicanalista só vai até onde seus próprios complexos e resistências interiores permitem" (FREUD, op. cit.). Por isso, era imperativo que cada terapeuta iniciasse sua própria análise para aprofundá-la em forma continuada em função do que os pacientes demandassem.

Do ponto de vista dos quadros clínicos, a nova técnica foi iniciada a partir dos quadros de histeria de conversão. Por outro lado, com as histerias de ansiedade não era possível iniciar o aprofundamento da análise quando os pacientes ainda necessitavam da proteção fóbica. Mudanças na técnica também eram necessárias com as neuroses obsessivas.

2. O aumento da autoridade: é inegável que muitos dos tratamentos falharam porque os pacientes nem sempre acreditavam nos analistas. A questão social não ficou do lado dos analistas porque, de certa forma, os tratamentos demonstraram sua influência significativa na origem das neuroses, não apenas apontando preconceitos e incapacidades, mas também questionando seus ideais.

3. O "efeito universal" do trabalho analítico: as psiconeuroses são satisfações substitutas para os impulsos que os pacientes negam diante de si mesmos e diante dos outros. A solução da doença supunha a aceitação dessa desfiguração, que também deveria ser aceita pelo social com respeito a si mesma. Portanto, o sucesso que a terapia poderia alcançar em um indivíduo tinha que fazê-lo também na massa.

Levantou-se a questão do que aconteceria se o esclarecimento psicanalítico não permitisse refugiar-se na doença e os pacientes aceitassem honestamente suas pulsões. Nesses casos, eles deviam enfrentar o conflito e esperar que ele fosse tolerado pelo social. Era claro que as neuroses, em certa medida, tinham um valor "protetor" e certa justificativa social. Porém, não se devia fazer concessões nas tentativas de esclarecimento, pois elas não eram para benefício do indivíduo ou da sociedade. Ao manter o esforço para desvendar os segredos da neurose, não apenas foram orientados para o favorecimento dos doentes, aliviando seus sofrimentos, isso também supôs o esclarecimento da massa, com a expectativa de uma profilaxia futura, contornando a autoridade social.

6. Psicanálise silvestre (1910/1991k)

Na Nota Introdutória, James Strachey enfatiza que neste artigo Freud vai se referir às "neuroses atuais" diferenciando neurose da angústia de histeria da angústia. Refere-se ao caso de uma paciente que o consultou porque um médico lhe havia dito que seus sintomas de angústia eram resultado de insatisfação sexual. Como ela era uma mulher de meia-idade que começara com seu quadro de angústia após a separação do marido, ele disse que ela tinha três opções: voltar com o marido, encontrar um amante ou a autossatisfação.

Nesses casos, Freud propunha que não se devia acreditar "ao pé da letra" no que os pacientes falavam sobre o que um médico poderia ter lhes dito, pois muitas vezes se tratava de seus próprios aspectos projetados nos médicos.

Com este esclarecimento, considerei útil tomá-lo como um exemplo sobre a assim chamada "psicanálise silvestre". Supondo que a médica realmente tivesse dito o que ela mencionou, haveria dois comentários a fazer: um de natureza técnica e outro de valor científico. Em princípio, é relevante saber que a psicanálise usa a noção de "vida sexual" em um sentido diferente daquele do nível popular.

A sexualidade é geralmente referida à relação sexual visando o orgasmo e a "descarga das substâncias genésicas". Em contraste, para a psicanálise o sexual inclui sentimentos de afeto que vêm de moções sexuais primitivas. Elas perderam seu objetivo sexual original ou o trocaram por outros que deixaram de ser estritamente sexuais. Portanto, Freud preferia o termo "psicossexualidade" (FREUD, 1910), a fim de destacar o fator emocional da vida sexual. Teria o valor que o idioma alemão atribui à palavra *lieben* [amar]. Portanto, a psicossexualidade estava ligada a experiências emocionais que poderiam ser insatisfeitas, mesmo em relacionamentos em que houvesse uma relação sexual normal. O conselho dado pelo médico também pode envolver um segundo fator errado. Os sintomas neuróticos eram produto de uma inter-relação entre a libido, muitas vezes hipertrofiada e a oposição estrita à sua satisfação, gerada pelo recalque como resistência interna.

Era evidente que certos estados neuróticos, nas chamadas "neuroses atuais" (neurastenia típica e neuroses de angústia pura) dependiam do fator somático da vida sexual. Assim, era fundamental discriminar os quadros de "neurose de angústia" dos das "histerias de angústia"; embora em ambos a angústia fosse o sintoma comum. Na histeria de angústia, o fator psíquico prevalecia.

Quando aqueles pacientes eram tratados e ficavam à par de sua situação inconsciente, os sintomas se agravavam e, de modo general, seus sofrimentos aumentavam. Assim, não era conveniente comunicá-lo antes de que duas condições ocorressem: a) que o próprio paciente estivesse perto de fazer contato ele mesmo com o recalcado e b) que o vínculo com o médico (transferência) evitasse que o paciente novamente tentasse "fugir" de saber sobre si. É por isso que a clínica psicanalítica requer de um relacionamento prolongado com o médico, antes de que os pacientes saibam sobre sua intimidade.

Finalmente, para deixar um registro sobre a existência de um grupo de profissionais treinados para exercer a técnica analítica, Freud menciona a criação da Associação Psicanalítica Internacional, realizada em finais de março de 1910, quando foram publicados os nomes daqueles que faziam parte dela.

7. O uso da interpretação dos sonhos na psicanálise (1911/1992z)

Neste trabalho, a proposta é explicar como os sonhos podem ser usados nos tratamentos psicanalíticos. Para fazer isso, ele sugere uma regra: levar em conta a "superfície psíquica" do doente; considerando seus complexos e resistências que podem se mover. Nunca devemos nos afastar deste objetivo, com a intenção de aprofundar outros setores ou aspectos em particular. No caso de um sonho, ele não poder ser totalmente interpretado em uma sessão, mas também não é apropriado continuar aprofundando a análise desse sonho na sessão seguinte. A regra fundamental deve ser mantida, analisando o primeiro que vem à cabeça do paciente. Também não é aconselhável mostrar ao paciente um interesse especial pela análise dos sonhos, porque isso poderia despertar no paciente a crença de que, se os tivesse, a análise seria interrompida.

Em particular, quando se trata dos chamados "sonhos programáticos" ou "sonhos biográficos", estes parecem ser o conteúdo total de toda uma neurose traduzida na linguagem onírica. Mesmo que fosse um sonho trazido no início de uma análise, seria conveniente que o analista ficasse satisfeito tendo constatado apenas uma moção de desejo do doente.

Por outro lado, diversos sonhos ocorridos na mesma noite podem não ser mais do que uma tentativa de dar figurabilidade ao mesmo conteúdo sob diferentes modos de expressão. Ao mesmo tempo, é totalmente verdade que uma moção de desejo será expressa novamente até que ela não seja compreendida ou não fique removida da pressão do recalque.

No caso de tratar um paciente sem experiência analítica prévia, não é aconselhável que o analista o informe de tudo o que descobriu com a análise de um de seus sonhos, nem faz sentido que os pacientes sejam solicitados a escrever os sonhos ao acordar. Quando isso acontece, os pacientes geralmente não têm ocorrências durante as sessões sobre o sonho e o resultado é semelhante a não ter anotado. Dessa forma, o médico pode saber algo mais sobre a vida anímica do paciente, embora não seja o mesmo que o paciente também saiba o significado de seu sonho.

Um tipo particular de sonhos são os chamados sonhos "confirmatórios" que são produzidos como resultado da análise. Estes são fáceis de interpretar e acabam confirmando o que a pesquisa analítica vem fazendo. Porém, os psicanalistas mais experientes se recusam a aceitá-los como "um presente" dos pacientes que confirmam o que foi trabalhado nas sessões, já que os sonhos, em geral, antecipam a cura e acabam sendo uma referência do que ainda falta pesquisar e descobrir da vida anímica dos pacientes.

8. A dinâmica da transferência (1912/1992d)

Neste trabalho, Freud se propõe a explicar como ocorre a transferência e o papel que ela desempenha nos tratamentos de psicoterapia. Ele afirma que, em cada ser humano, as experiências vividas na infância lhe outorgarão uma qualidade particular para o exercício da vida amorosa. Elas vão marcar as condições para exercê-la, as pulsões que serão satisfeitas e os objetivos que serão traçados. Isso resulta em um clichê que será repetido em forma regular.

Na vida de um sujeito, a combinação de disposição e acaso terá um papel fundamental. Sabendo que o que denominamos "disposição" podem ser as experiências sucessivas vividas pelas infinitas séries de nossos ancestrais.

Segundo parece, apenas um setor parcial das moções da vida amorosa realiza o desenvolvimento psíquico em forma completa, outra parte é mantida como um setor separado da personalidade e só pode permanecer válida na fantasia, ou talvez também no inconsciente. Neste último caso, poderia existir sem que o sujeito tenha consciência disso. Se a necessidade de amor de um sujeito não for suficientemente satisfeita na realidade, ele orientará suas representações e expectativas para cada nova pessoa que surgir em sua vida e muito provavelmente o fará com as duas linhas libidinais: a suscetível de consciência e a inconsciente. Portanto, parece normal que a expectativa libidinal seja rapidamente orientada para a figura do médico responsável, que será inserido em algumas das "séries psíquicas" que o paciente tenha formado previamente. Em um paciente do sexo masculino, ela geralmente pode estar vinculada à "imago paterna", embora também possa ser da mãe ou de um irmão.

Isso levanta duas questões: a) por que a transferência é mais intensa em pessoas neuróticas em psicoterapia do que naquelas que não estão em tratamento? e b) porque ela se torna, nas análises, a "maior resistência ao tratamento"? Sabendo que em outras abordagens médicas a transferência é condição para o sucesso. Em relação à primeira, não é correto afirmar que nas análises a transferência é mais intensa e desenfreada do que em outras situações. Basta observar os fenômenos que se desenvolvem, por exemplo, nas instituições de internação psiquiátrica, nas quais abundam os comportamentos de intensa submissão e humilhação. Em relação à segunda questão, com base no que Jung propôs, em pacientes psiconeuróticos sua libido está em estado de "introversão". Isso significa que a libido consciente, ligada à realidade, diminui. Sendo que, por outro lado, a libido inconsciente que alimenta a fantasia é aumentada. A libido, por regressão, ao retornar ao caminho percorrido na evolução libidinal, consegue reviver as imagos infantis. Precisamente, a cura analítica quer encontrá-la para que ela retorne à realidade consciente. Será nessas horas em que uma "batalha transferencial" será estabelecida, pois todas as forças que causaram a regressão libidinal irão se opor, na forma de resistências, ao trabalho analítico. Se algo do conteúdo de um complexo pode ser vinculado à figura do médico, a transferência ocorre imediatamente e surge com toda intensidade como resistência; por exemplo, por meio da detenção das ocorrências. É sistemático que, de todas as características de um complexo, surjam à consciência aquelas que são postas a serviço da resistência. Por esse motivo, os conflitos terão que ser resolvidos na transferência.

Podemos perguntar: por que a transferência é claramente colocada a serviço da resistência? Como a libido é ligada a imagos infantis, torna-se muito difícil confessar uma moção de desejo proibido à mesma pessoa sobre quem a moção recai naquele momento. No entanto, sentimentos de afeto, que também fazem parte dos complexos, devem facilitar essa confissão. Portanto, a resposta é esclarecida discriminando dois tipos de transferência: uma transferência positiva e uma transferência negativa. A primeira inclui os sentimentos afetuosos de confiança e amizade que originalmente tinham fontes eróticas, mas foram progressivamente perdendo seu propósito sexual. Por isso, devemos considerar como transferências negativas apenas aquelas que contêm moções sexuais recalcadas e hostis, porque são elas que se opõem como resistências ao tratamento. Finalmente, os resultados de uma psicanálise serão o efeito da sugestão; entendida como a influência que pode ser exercida sobre uma pessoa, para resolver as possíveis transferências nela.

Desde que o paciente respeite a "regra fundamental" (dizer tudo o que vem à cabeça sem crítica prévia), será possível entrar em contato com suas moções inconscientes, "que aspiram a se reproduzir em consonância com a atemporalidade e a capacidade de alucinação do inconsciente" (FREUD, op. cit.). O paciente

> *(...) quer agir (agieren) suas paixões sem atender à situação objetiva real". Será no campo de batalha da transferência onde surgirá a luta entre o intelecto e a vida pulsional. Porque, em última análise, "é impossível destruir alguém in absentia ou in efígie.*

9. Recomendações aos médicos que exercem a psicanálise (1912/1992b)

Quanto à questão de porquê pode não ser necessário que um analista tome nota dos dados que os pacientes apresentam durante suas sessões, a resposta é complementar à regra fundamental para os pacientes. O médico não deve fixar sua atenção em nada em particular no relato do paciente, mas, na sessão, ele deve ter um "atenção uniformemente flutuante". Isso porque, ao tentar selecionar algo em particular, ele estará mais em contato com suas próprias expectativas e inclinações do que com o fio do significado do processo dos pacientes. Essa prescrição garante que os aspectos ouvidos anteriormente apenas poderão ser esclarecidos a posteriori.

A regra fundamental para o paciente inclui: "diga tudo o que lhe vier à cabeça sem crítica ou seleção prévia". Portanto, a parte que corresponde ao analista pode ser formulada da seguinte maneira: é imperioso afastar qualquer interferência consciente de sua capacidade de fixação e abandonar-se inteiramente às suas memórias inconscientes. É por isso que Freud sugere tomar como modelo o cirurgião, que deixa de lado seus afetos e traços humanitários para realizar a cirurgia para a qual é convocado com as regras da arte.

A posição técnica que ele recomenda é que o analista oriente seu próprio inconsciente na direção do inconsciente emissor do paciente. Assim, ele poderá conjeturar, a partir dos frutos que lhe são oferecidos, as características do inconsciente que os gerou.

Para realizar esta tarefa, como ele mencionou, será necessário que o analista, por sua vez, tenha passado pela experiência de um tratamento analítico. Dessa forma, ele poderá entrar em contato com os complexos do seu próprio inconsciente e entender o que os pacientes estão informando.

"Qualquer recalque não resolvido no médico corresponderá a um *ponto cego do analista*" (FREUD, op. cit.). Embora a análise dos próprios sonhos possa ser útil ao analista, isso não substitui o benefício de ter feito, para si, um tratamento psicanalítico.

Ele ainda desaconselha fortemente a propensão de certos jovens analistas para fazerem conhecer suas próprias dificuldades aos pacientes sob o lema de que "confiança estimula confiança". Contra a qual ele expõe outra regra técnica, com uma segunda metáfora: "O médico não deve ser transparente para o paciente, mas algo assim como a lua no espelho, mostrando apenas o que é mostrado" (FREUD, op. cit.).

Por fim, ele desencoraja fortemente a tentação pedagógica que certos pacientes de forte tendência à intelectualização podem estimular nos analistas. Ele enfatiza que nada é melhor do que aprender da própria experiência, cingindo-se apenas à regra fundamental da análise.

10. Sobre o início do tratamento (1913/1992t)

No jogo de xadrez, as técnicas de abertura e encerramento só podem ser aprendidas mediante a leitura de livros. A enorme quantidade de variações que existem a respeito do meio-jogo só são aprendidas estudando as partidas dos grandes mestres. Algo semelhante acontece com a psicanálise. Por este motivo, ele propõe oferecer certos "conselhos", sem que seja obrigatório segui-los incondicionalmente. Embora seja verdade que as variantes existentes nos tratamentos de pacientes em análise sejam enormes, mesmo assim, certas regras podem ser estabelecidas a seguir "dependendo da finalidade".

Testes de tratamento

Inicialmente, Freud estabeleceu o costume de receber pacientes por uma ou duas semanas para verificar se o paciente estava em condições de ter acesso a um tratamento de análise e para fins diagnósticos. Se eles sofressem de neurose histérica ou obsessiva, ele poderia garantir a cura com o tratamento, mas isso não seria possível se os pacientes, com uma certa fachada neurótica, sofressem de esquizofrenia ou de parafrenia de base.

Para Freud, é desaconselhável realizar muitas entrevistas antes de iniciar uma análise, sugere-se que o paciente faça outro tratamento previamente ou que exista conhecimento prévio entre o paciente e o analista. Desta forma, no tratamento o paciente estaria localizado numa posição de transferência já estabelecida, o que renderia uma certa vantagem sobre o médico. O mesmo ocorre quando houve amizade ou tratamento social prévio entre o médico e o paciente ou sua família.

Estipulações sobre tempo e dinheiro

Freud tende a definir um tempo de sessão determinado para que o paciente saiba que esse tempo é seu e que poderá dispor dele sistematicamente. Não é aconselhável modificar esta estipulação para evitar o enorme número de situações que a justificariam. Ele só aceita uma modificação quando o paciente sofre de uma doença orgânica, por isso ele dispõe daquele cronograma para atribui-lo a outro paciente. Assim, recebe o paciente novamente, estabelecendo outro horário, quando este tiver se recuperado. Freud geralmente atendia os pacientes seis vezes por semana, exceto feriados e domingos. Embora, em casos leves, três sessões semanais fossem suficientes.

Duração do tratamento

A duração não pode ser estipulada desde o início, isso é impossível de responder. De modo geral, a psicanálise requer longos períodos de tempo: geralmente de seis meses a um ano, mínimo. Ainda assim, ele oferece aos pacientes a liberdade de abandoná-lo quando quiserem; sabendo que isso significaria deixar um processo inacabado. O tempo prolongado de uma análise também se deve ao fato de que alterações anímicas profundas demoram muito para serem modificadas; devido à "atemporalidade" dos processos inconscientes e dos processos analíticos seguirem um curso próprio, não podendo ser orientados ou abreviados.

Os honorários do médico

Procure regular seus honorários da forma mais clara e direta possível, longe dos modelos de "caridade" que a sociedade impõe. Freud também o faz com os médicos, mesmo alterando um determinado código entre colegas, a quem não atende gratuitamente, assim como não atende familiares. Ele se propõe a cobrar sem acumular cifras elevadas; por exemplo, todas as sessões oferecidas em um mês.

O cerimonial do tratamento

Freud pede ao paciente para se deitar em um divã, enquanto ele se senta atrás, fora de seu olhar. Ele mantém um aspecto histórico, ligado à hipnose. Mas as razões são, por um lado, pessoais, pois ele não consegue passar muitas horas encarando o olhar de seus pacientes. Contudo, sua finalidade é também que seus gestos, ao ouvir seus relatos, não influenciem quando percebidos pelos pacientes.

A regra fundamental

Não existe uma prescrição normativa. O cumprimento da regra fundamental continua sendo essencial. Por essa razão, ele não aconselha os pacientes a trazerem à sessão histórias pré-formatadas da sua vida atual, da infância, ou a discutirem o conteúdo das sessões com amigos ou familiares. Não podem sem excluídos nomes ou situações, sabendo que o que é relatado em sessão é protegido pelo sigilo profissional.

Não devemos ceder às propostas dos pacientes para lhes dizer sobre o que devem falar. Os pacientes que dizem que "não conseguem pensar em nada" são claramente tomados por uma resistência. Se forem mulheres, elas parecem estar preparadas para a agressão sexual e se forem homens, pode se tratar de uma homossexualidade extremamente intensa recalcada. O importante é que, se a história e as ocorrências dos pacientes fluírem sem sobressaltos, não é apropriado apontar a transferência. Ela deve ser interpretada quando a transferência se tenha tornado resistência.

Quando começar a revelar o significado oculto das ocorrências do paciente

"Não antes de ter estabelecido uma transferência eficaz no paciente. Um *rapport* apropriado" (FREUD, 1913/1992u). A primeira regra é vinculá-lo ao tratamento e à pessoa do analista e isso acontece dando tempo ao tratamento e demonstrando interesse pela pessoa, para que o paciente possa vinculá-lo a *imagos* de quem recebeu amor. A empatia é desarticulada se o médico se comportar de forma moralizante ou em aliança, por exemplo, com o outro membro do casal conjugal. Da mesma forma, Freud desaprova expor ao paciente, na primeira entrevista, o que o médico pode ter conjeturado sobre ele. Ele está convencido de que o efeito terapêutico será nulo; o paciente se sentirá amedrontado e só conseguirá aumentar sua rejeição ao tratamento. Será necessário esperar um certo tempo para comunicar a solução de um sintoma ou a tradução de um desejo inconsciente; por exemplo, até que o paciente esteja em condições de saber por si mesmo e só teria que dar mais um passo.

Não é nossa tarefa encerrar o tratamento o mais rápido possível?

Essa pergunta é formulada por aqueles que sugerem que seja informado ao paciente, como um conhecimento intelectual e consciente, as razões de sua vivência traumática e do próprio evento traumático. Porém, após esse conhecimento, é sabido que os sintomas não desaparecem e os doentes se comportam como se nada tivesse acontecido após o recebimento dessas informações.

Para os que praticam a psicanálise, a importância da pulsão e o benefício secundário da doença são características que devem ser levadas em consideração durante todo o tratamento. A partir da transferência, o paciente consegue reunir energia para superá-las e, por meio das intervenções do analista, ele localiza os caminhos para fazê-lo. Se o paciente o conseguisse apenas por meio da transferência, seria apenas um benefício sugestivo, não uma psicanálise; uma vez que um tratamento analítico utiliza a transferência exclusivamente para superar resistências. O interesse intelectual e a inteligência do doente são fatores que favorecem um tratamento psicanalítico.

11. Recordar, repetir e elaborar (1914/1992s)

A técnica passou por diversas modificações desde que os tratamentos analíticos começaram a ser implementados. Inicialmente com a catarse, proposta originalmente por Josef Breuer, o objetivo era localizar a origem dos sintomas. Para isso, o médico, junto aos pacientes hipnotizados, procurava que eles pudessem reproduzir a situação psíquica do momento traumático. Assim, ele os conduzia a uma descarga adequada e consciente, pois o objetivo era a lembrança e a ab-reação.

No estágio seguinte, quando a hipnose foi abandonada, o trabalho clínico consistiu em conjecturar, por meio das associações livres do paciente, o que ele se recusava a lembrar. A resistência era solapada por meio do trabalho interpretativo e o que tinha sido descoberto era oferecido ao paciente. As situações que tinham condicionado a formação sintomática continuavam sendo o foco do trabalho analítico, bem como o que tivesse estado presente no momento da ocorrência da doença. Basicamente, o trabalho do paciente era cumprir a regra fundamental da análise.

Finalmente, se chegou à técnica utilizada até os dias de. O médico não tenta localizar nenhum episódio em particular, mas estuda a superfície psíquica do analisando em cada sessão e tenta, por meio de interpretações, que o paciente vença a resistência. Desta forma, ao conhecê-la, ele poderá facilmente evocar e narrar os nexos esquecidos. Em termos descritivos, consiste em preencher lacunas mnêmicas; em termos dinâmicos, trata-se de superar as resistências de recalque.

Nos tratamentos analíticos, ao contrário do que acontecia na hipnose, as vivências e recordações parecem estar "bloqueadas". Geralmente aparecem na forma de "lembranças encobridoras", passando assim pelo que tendemos a chamar de "amnésia infantil". Elas se lembram de tudo o que é fundamental, pois constituem o registo dos anos de infância esquecidos e são constituídas da mesma maneira, como o conteúdo manifesto faz a respeito dos pensamentos latentes do sonho.

Há também grupos de processos psíquicos que são "lembrados", embora nunca tenham podido ser conscientes; mesmo que eles não influenciem a convicção do paciente durante o curso da sua análise. Existem também vivências muito importantes, que não foram compreendidas na época, mas que adquirem pleno sentido *com efeito retardado* [nachträglich]. Em palavras textuais:

> *Se nos limitarmos ao sinal distintivo desta técnica em relação ao tipo anterior, podemos dizer que o analisando não lembra em geral, de nada do que é esquecido e recalcado, mas que ele atua. Ele não o reproduz como lembrança, mas como ação, ele repete, sem saber, claro, que faz isso (...). Não se lembra de ter desafiado a autoridade dos pais, mas o faz agora com o analista. Ou que ele estava desorientado diante da pesquisa sexual infantil,*

> *mas traz sonhos confusos à análise. Ele não se lembra de ter sentido vergonha de certas atividades sexuais, mas agora tem vergonha de fazer um tratamento analítico. Especialmente, ele começa a cura adotando uma atitude como essa. E ao comunicar a um paciente que possui uma longa história, a regra fundamental, ele fica em silencio, e diz que não consegue pensar em nada... isto não é, claro, nada mais do que a repetição de uma atitude homossexual que se esforça para ficar em primeiro plano como resistência a toda a lembrança. E durante o período em que ele ficar em tratamento, não vai se livrar dessa compulsão à repetição; entende-se, enfim, que esta é a sua forma de lembrar" (FREUD, 1914/1992s).*

Certamente, o que é mais interessante é a relação que existe entre a compulsão à repetição, transferência e resistência. A transferência em si é uma peça da repetição, e a repetição é a transferência do passado esquecido. Não só sobre o médico, mas também sobre todas as outras situações do presente do paciente; situações e laços de sua vida. É também evidente que quanto maior for a resistência, maior será a repetição e não a evocação.

Devemos formular a seguinte pergunta: o que é repetido ou atuado? Suas inibições, os traços patológicos de sua personalidade. Por isso, a doença deve ser tratada, não como um fato histórico, mas como um fato real, com força atual e, enquanto o paciente vive o fato dessa maneira, a tarefa do analista é redirecionar o que foi vivenciado para o passado. Como um aspecto da vida real dos pacientes é convocado com esta técnica, o "agravamento durante a cura" é consequência inevitável. Portanto, não basta que o paciente se lamente de sua condição; é necessário que ele decida enfrentar seus sintomas tanto quanto seu sofrimento.

Nós analistas comemoramos como uma conquista da cura quando um paciente consegue levar à atividade do lembrar o que costumava colocá-lo em ação.

Nos tratamentos analíticos, é essencial manter a liberdade pessoal do analisando. Ficará a critério de cada profissional e de cada tratamento se um paciente é instruído a "esperar" para realizar uma atividade que seja claramente consequência do momento da análise ou a "adiar uma decisão que modifique substancialmente sua vida" pelas mesmas razões.

Ao oferecer aos pacientes a transferência de repetir livremente todos os sintomas de sua doença, substituímos uma neurose comum por uma neurose transferencial. É ao mesmo tempo um fragmento da vida e da vivência real de um paciente, no qual a nossa intervenção é possível. Ela tem o caráter de algo provisório, porém, uma vez resolvidos na transferência, seus efeitos também serão percebidos na vida real dos pacientes.

A resistência não se resolve apenas sendo nomeada, ela requer um trabalho de "reelaboração". Ela pode ser superada obedecendo à regra analítica fundamental, de modo quena prática essa reelaboração das resistências "pode se tornar uma tarefa árdua para o analisando e um teste de paciência para o médico" (FREUD, 1914/1992s), mas é o que produz o máximo efeito modificador, o que a diferencia de um tratamento sustentado na sugestão.

12. Observações sobre o amor transferencial (1915[1914]/1992p)

As dificuldades que os psicanalistas enfrentam no trabalho analítico são aquelas que dizem respeito, em particular, aos inconvenientes que a transferência apresenta. Muitas vezes, uma paciente pode sentir, por exemplo, que se apaixonou por seu médico. Em tal situação, existem duas alternativas possíveis: que se torne um relacionamento formal ou que o tratamento seja interrompido. Não consideraremos uma terceira possibilidade, porque ela é contrária à ética, tanto civil quanto médica: que eles mantenham uma relação ilegítima, mesmo que temporária.

No segundo exemplo, da paciente que interrompeu o tratamento, percebe-se que tinha se apaixonado novamente por seu segundo analista e o mesmo ocorreu em uma terceira tentativa de análise. Assim, chegamos à conclusão de que "paixões" são um efeito da psicanálise; o que leva os terapeutas a prestarem muita atenção aos problemas de contratransferência.

Em certos casos, a paciente deseja apenas ser correspondida em seu amor, sem se preocupar com mais nada, às vezes, com certa teatralidade, até pode se sentir curada, sem ter que continuar seu tratamento. Sabemos que tudo o que se opõe à continuidade da análise posterior é resistência. Também, que a paixão já existia, embora atenuada, com a aceitação afetuosa do tratamento e para com a figura do médico. A resistência "usa" a paixão para tentar interromper a cura. Parece que a intensidade do afetivo, assim como a proposta de entrega sexual, sugere que "teria sido melhor se tudo permanecesse sob a eficácia do recalque".

Somos questionados sobre como lidar com essas situações. Exortar a paciente a sufocar seus sentimentos (um efeito pulsional) não faria sentido, uma vez que o tratamento que propomos tendia a suscitar tal emotividade. Além disso, com uma proposta desse estilo, a paciente se sentiria humilhada e com desejo de vingança. A regra com a qual a cura deve se desenvolver é a abstinência, não apenas corporal. Isso também implica em não apaziguar as forças de trabalho envolvidas nas moções pulsionais. A paciente em questão deixará de se repetir na sua vida desde que consiga contatar a situação inconsciente que a move. O terapeuta assume a transferência amorosa, mas a considera como algo não real, um efeito da cura. Ele tentará orientar a transferência para as origens infantis e inconscientes desse amor. No entanto, se o terapeuta insistir que este amor é uma resistência, não é improvável que o paciente perca interesse pelo tratamento e possa mesmo abandoná-lo.

De qualquer forma, vale a pena questionarmos a genuína natureza desse amor. Ele não foi criado pela resistência. Ela o encontra e tira proveito dele, exagerando suas manifestações. O amor transferencial é formado por traços antigos e repete reações infantis, mas esse é precisamente o caráter essencial de todo amor. É por isso que não podemos negar o caráter genuíno do amor de transferência.

Algumas características fazem com que ele se torne único: 1) é provocado pela situação analítica, 2) é impulsionado pela resistência imposta ao processo analítico, 3) ignora elementos da realidade objetiva. No entanto, também é verdade que estas são características comuns a toda a paixão.

Finalmente, como o analista é excluído de ceder diante das reclamações de amor de sua paciente, ele ajuda a desistir de uma satisfação imediata em favor de outra, mais distante e incerta, mas mais de acordo com os ditames sociais e psicológicos.

13. Conferências introdutórias à psicanálise (1917/1991a; 1917/1991b)

Detalho as Conferências 27: A Transferência e a 28: A Terapia Analítica.

A Transferência

Duas questões são levantadas sobre a terapia psicanalítica: quais são os caminhos pelos quais ela opera e quais são seus possíveis resultados.

Em relação à primeira pergunta, sobre os fatores que são colocados em jogo para contrair uma neurose podemos localizar: 1) a disposição hereditária, 2) as primeiras experiências infantis e 3) a "frustração real" (a falta de amor, pobreza, brigas familiares, infortúnio conjugal etc.).

Além disso, a psicanálise é frequentemente criticada por seus tratamentos consumirem muito tempo durante a semana e serem muito longos. Inclusive, pela moralidade social, a proposta analítica é contestada, porque se sustenta na suposição de que alguém estaria curado de suas dificuldades se "gozasse a vida" sexualmente. Nada poderia estar mais longe da verdade, uma vez que o conflito de um neurótico é produzido pela luta entre a moção libidinal e o recalque sexual. São precisamente os impulsos sexuais recalcados que geram os sintomas. Os conflitos neuróticos não podem ser concebidos como o efeito de moções que estão no mesmo nível psicológico: um está no plano consciente-pré-consciente e o outro no inconsciente. A disputa é tão impossível quanto a que pode acontecer "entre o urso polar e a baleia". O objetivo da terapia é fazer com que os dois termos em conflito estejam no mesmo nível.

Os psicanalistas também não somos mentores de seus pacientes. Nós respeitamos a liberdade total de quem tratamos. Além disso, para evitar efeitos colaterais do processo de análise, sugerimos não tomar nenhuma decisão que modifique substancialmente suas vidas até que o tratamento seja concluído. Fica então claro que o efeito terapêutico de uma análise é focado em trazer o inconsciente para o consciente. Cancelamos os recalques e com eles as condições para a produção de sintomas. O conflito então se torna um conflito normal e, como tal, terá uma certa solução.

A psicanálise é uma terapia causal? Na medida em que ela não tenta resolver o sintoma frontalmente, dir-se-ia que sim, porque aponta às causas. No entanto, na realidade também não é causal por não se propor a modificar o volume libidinal incluído na formação dos sintomas, porque é de natureza biológica.

Então, como atuar para substituir nos pacientes o inconsciente pelo consciente? Quando comunicamos a um paciente o que sabemos, não estamos substituindo o inconsciente pelo consciente, muito pouco mudou. Pensado em forma tópica, será necessário localizá-lo nas recordações, que é onde se encontra, devido ao recalque. Se a repressão for eliminada, a substituição é realizada sem qualquer dificuldade, mas como cancelar o recalque? Essa é a segunda tarefa:

a primeira era localizar o recalque, agora é questão de eliminar o recalque que mantém a sua efetividade. E agora, como remover a resistência? Ela deve ser inferida e apresentada ao paciente. A resistência é o contra investimento (contrarrepresentação) da moção pulsional. Ela não pertence ao inconsciente, mas sim ao Ego, que é nosso aliado. Portanto, a resistência se conforma em oferecer ao paciente, com a interpretação, o conhecimento de sua incidência. Para isso temos duas forças que vêm do paciente: sua vontade de curar e sua inteligência.

Nas neuroses, tanto as histéricas, angústia e obsessivas, as premissas que se confirmam são: superar a resistência, cancelar o recalque e tornar o inconsciente consciente. A luta se estabelece entre os motivos que geraram o contra investimento e as forças atuais que querem superá-los. A terapia reacende aquele antigo conflito e se propõe a rever as razões que o produziram. Na época, o Ego era infantil e fraco e tinha motivos para ver perigo na expectativa libidinal. Agora ele é um Ego mais forte e tem o analista como auxílio. Por isso, a expectativa é de que seu desfecho seja diferente daquele do recalque.

Em outros quadros, apesar de nossos esforços, não é possível cancelar uma resistência ou resolver um recalque. Eles são pacientes paranoicos, melancólicos ou apresentam *dementia praecox*. Eles são imunes à terapia analítica porque a transferência não pode ser estabelecida neles. É precisamente a transferência que determina nosso sucesso com as neuroses. São transferidos os sentimentos sobre a pessoa do médico que estão na própria base da natureza da doença.

Chamamos de transferência positiva àquilo que ocorre, em geral, nas pacientes do sexo feminino na forma de uma intensa reclamação de amor ou em formas mais atenuadas. Ela não deixa de aparecer nos tratamentos de psicanálise, independentemente da idade dos pacientes e até mesmo do médico. Em contraste, em pacientes do sexo masculino, a transferência tende a ser de caráter hostil ou negativa.

A transferência, composta de sentimentos de afeto, surge nos tratamentos desde o início e constitui o motor central do trabalho analítico. Desde que continue assim, não há necessidade de interpretá-la, só devemos fazê-lo quando ela estiver enlaçada a moções sexuais ou a sentimentos hostis.

Superamos a transferência, que se tornou resistência, quando conseguimos mostrar ao paciente que seus sentimentos não dependem de situações atuais, nem se relacionam com a pessoa do médico. São emoções que correspondem a experiências vividas anteriormente. Portanto, quando conseguimos que as recordações que as justificam apareçam, o paciente cessa a repetição. A relação com o médico é esclarecida, e passa a ter maior credibilidade sobre a atividade que estão realizando.

Quando o processo de cura é estabelecido com alguma firmeza, as alternativas de relacionamento com os outros deixam de aparecer e, em vez disso, o relacionamento com o médico é focalizado. A neurose da vida cotidiana dá lugar a uma neurose de transferência que tem, como grande vantagem, que o terapeuta passa a estar no centro da cena. Portanto, a solução dessa "neurose transferencial", de natureza intermediária, permitirá também a resolução da doença que levou o paciente ao tratamento.

Finalmente, os pacientes que sofrem de uma "neurose narcísica" não podem ser influenciados pelos tratamentos analíticos. A transferência não promove neles o que faz nos outros tipos de neuroses; eles reagem à figura do médico com indiferença. É concebível que tenham transformado a libido do objeto em libido do Ego e não podem ser curados com a psicanálise.

A Terapia analítica

Em tratamentos analíticos, não usamos a sugestão direta, embora usemos a transferência como sugestão. A sugestão direta, por outro lado, é dirigida contra a externalização dos sintomas. É uma luta entre a autoridade do médico e as razões da doença. Um bom método de tratamento médico deve ser rápido, confiável e não desagradável. O método hipnótico cumpria duas dessas características (rápido e não desagradável), mas não era confiável, porque os resultados não duravam. Em muitas ocasiões, os sintomas retornavam, sem que o paciente pudesse ser hipnotizado novamente. Além disso, tornava-se monótono proibir os mais diversos sintomas com o mesmo cerimonial hipnótico sem poder aprender de seu sentido e significado.

É importante, então, ressaltar as diferenças entre a terapia hipnótica e a psicanalítica. A primeira busca encobrir algo da vida anímica, reforçando o recalque, a segunda tenta trazê-lo à luz e removê-lo. Assim, a terapia hipnótica teria um certo caráter cosmético, sendo que a analítica se aproximaria de uma cirurgia. Ela procura alcançar os conflitos que geraram os sintomas e serve-se da sugestão para resolvê-los, cancelando os recalques internos. Dessa forma, as mudanças são duradouras e o paciente fica melhor posicionado para se proteger de novas possibilidades de adoecimento.

Na terapia analítica trabalhamos com a transferência, então a sugestão está em nossas mãos, e com ela orientamos o paciente na resolução de seus sintomas. Com a sugestão, não guiamos o paciente a um determinado lugar, mas lhe oferecemos representações-expectativas (representações antecipatórias), que coincidem com as de seu interior. Os tratamentos finalizam quando as lacunas da recordação são preenchidas e as oportunidades em que os recalques ocorreram, descobertas. Por fim, a própria transferência deve ser desarticulada, pois a cura não se baseia nela.

Vale a pena mencionar agora o mecanismo de cura da teoria da libido.

A neurose não permite que o paciente desfrute e produza, porque sua libido não está orientada para objetos reais. Além disso, parte de sua energia deve ser usada para manter a libido recalcada (esforço de desalojamento). Ele seria saudável se o conflito entre o Ego e sua libido fosse resolvido e ele pudesse dispor da libido com total liberdade. Por essa razão, a tarefa terapêutica envolve conseguir desvincular a libido que foi retirada do Ego e colocá-la novamente a seu serviço. Vale a pena perguntar: onde está a libido? Ela é encontrada nos sintomas que proporcionam ao paciente uma satisfação substituta. Para resolver os sintomas, será necessário localizar sua constituição e o conflito que o produziu. Corresponderá, então, reativar o conflito para que tenha um desfecho diferente do original; com forças que na época não estavam à sua disposição. Parte dessa tarefa pode ser feita com as recordações que o paciente evoca, mas o trabalho principal ficará em transferência, com o médico. O paciente tentará recriar a versão com a qual o conflito começou, e o terapeuta tentará, com as forças que o paciente possui, tomar uma decisão diferente. Por esse motivo, a transferência se torna "o campo de batalha" das forças em jogo. A oposição à tarefa analítica é dupla. Por um lado, é devido à recusa do Eu em contatar as orientações da libido que originalmente causaram o recalque e, por outro lado, o investimento de certos objetos que a libido se reluta a abandonar. Dessa forma, o trabalho terapêutico também é dado em duas frentes. Será necessário "forçar" a libido a passar dos sintomas para a transferência; para depois liberá-la deste novo objeto. A mudança fundamental ocorrerá no Ego, ao não permitir que o recalque opere novamente, porque desta forma a libido poderia retornar ao inconsciente. Essa modificação no Ego ocorre sob influência da sugestão do médico.

Outro setor importante em relação à teoria da libido são os sonhos. Junto com os atos falhos e as associações livres, estes tornam possível conjeturar sobre os sintomas e sua constituição. Eles nos permitem saber que as moções recalcadas e os objetos aos quais a libido subtraída do "Ego" está vinculada, são satisfações de desejo. Uma vez que a repressão é de certa maneira relaxada durante o sono, ela torna possível o acesso ao conhecimento do inconsciente recalcado.

Como os sonhos dos neuróticos não diferem dos das pessoas normais, a diferença entre neurose e saúde só é válida para a vida diurna, não para a noturna. Na medida em que nos neuróticos a libido não está disponível para o Ego, eles têm sua possibilidade de gozar e produzir limitada.

14. Linhas de progresso na terapia psicanalítica (1919[1918]/1992m)

O que foi descoberto até agora nos levou a considerar a tarefa analítica da seguinte maneira: nós levamos a pessoa doente a conhecer os movimentos inconscientes que persistem nela, expondo as resistências que se opõem a isso. Como o conhecimento por si só não é suficiente para sua modificação, usamos para isso a transferência psíquica sobre a pessoa do médico. Assim, procuramos fazer com que o paciente reconheça que o recalque ocorrido na infância é inadequado para sua vida adulta e que uma vida sustentada no princípio do prazer é inviável.

Chamamos esse tipo de tarefa de psicanálise, em sintonia com a atividade do químico. Os sintomas e as características psicológicas do doente são extremamente complexos e basicamente compostos de moções pulsionais. Em seguida, deixamos o doente saber, assim como o químico faz, a respeito da substância básica sobre a qual sua doença é constituída, da qual ele não tinha noção porque estava inconsciente. É assim que *analisamos* o paciente, ao decompor os elementos essenciais de sua atividade psíquica. Em qualquer caso, a vida da alma está sujeita à pulsão de unificar e reunir, razão pela qual o que nós decompusemos de um sintoma será rapidamente inserido em uma nova composição. Trata-se de uma síntese psíquica que ocorrerá automaticamente, sem nossa intervenção. Ferenczi (ano) denominou nossa tarefa de "*atividade*" do analista. Em que consiste essa atividade? Em duas tarefas específicas: tornar o inconsciente consciente e expor as resistências. É por isso que o princípio soberano que norteia nosso trabalho é o seguinte: "Na medida do possível, a cura analítica deve ser executada em um estado de privação, de abstinência". A abstinência não tem o sentido popular, como a abstinência sexual. Ela se refere à dinâmica de como a doença foi contraída: o paciente adoeceu em decorrência da frustração e os sintomas oferecem uma satisfação substituta. Quando este melhora, os sintomas, de certa forma, a força pulsional que empurra para a cura, é moderada. É por isso que devemos continuar a manter uma "privação significativa", para não ficarmos satisfeitos com uma melhoria modesta. O paciente buscará satisfações substituas e dependerá de nós para poder localizá-las de forma que renuncie a elas, mesmo elas possam parecer inocentes.

Devemos saber que um fator de intenso apego do paciente à neurose é a consciência da culpa (necessidade de punição). Tanto um casamento infeliz quanto uma doença orgânica prolongada podem ser formas de punição. E devemos nos opor vigorosamente a essas satisfações substitutas. O paciente também buscará uma espécie de satisfação substituta no tratamento, com a relação transferencial com o médico. Vai depender do critério de cada profissional o que e quanto conceder. O que é claro é que será preciso denegar o que o paciente deseja com mais intensidade e urgência. Não transformamos o paciente que nos consulta em um bem pessoal. Portanto, não o fazemos à nossa imagem e semelhança. Se há um determinado fator "educacional", cabe ao paciente se libertar de suas restrições e assumir seu próprio ser.

Finalmente, é importante considerar que novos desenvolvimentos podem ocorrer na terapia analítica. Pensemos particularmente no uso de nossa técnica em grande parte da população, que sofre de graves problemas neuróticos. Não é improvável que se trate de consultas gratuitas, e pacientes hospitalares ou instituições do Estado sejam assistidos. Nessas horas teremos que adaptar nossa técnica a essas novas condições. E certamente teremos que "ligar o ouro puro da análise ao cobre da sugestão direta, e talvez a influência hipnótica encontre seu lugar novamente, como aconteceu com o tratamento dos neuróticos de guerra" (FREUD, 1919[1918]/1992m). Mesmo assim, não há dúvida de que seus elementos mais eficazes seguirão sendo aqueles que podem ser extraídos da psicanálise, como a exercemos.

15. Além do princípio do prazer (1920/1992l)

Capítulo II

Freud já tinha denominado, muito tempo atrás, de "neuroses traumáticas" os estados que são consequência de acidentes ferroviários ou mecânicos que acarretam certo risco de morte. Por isso ele coloca os feridos de guerra nesses quadros.

Dois traços caracterizam essas neuroses: predominância da surpresa e, portanto, do terror; e a um dano físico simultâneo, que se contrapõe à produção de sintomas neuróticos. Por isso, convém diferenciar três emoções diferentes, por vezes utilizadas indistintamente: a *angústia* pressupõe uma certa expectativa de enfrentar um perigo; é uma preparação para enfrentá-lo. O *medo* implica a existência de um determinado objeto diante de quem o sente. O *terror* ocorre diante do perigo sem estar preparado; isso acontece de surpresa.

Como os sonhos permitem o conhecimento de processos anímicos profundos, eles são úteis para estudar a neurose traumática. Nos sonhos de neuroses traumáticas, o sonhador se depara repetidamente com seu acidente, do qual acorda apavorado. O terror o assombra permanentemente e o paciente parece psiquicamente ligado ao trauma. Essa fixação por uma determinada experiência já era conhecida. Freud e Breuer tinham mencionado, em 1893, que "o histérico sofre com a maioria das reminiscências". O que chama a atenção é que os pacientes de neuroses traumáticas não ficam frequentemente recordando a situação do acidente durante a vigília. Por outro lado, o sonho sistematicamente os leva a essa situação. Portanto, seria preciso pensar que isso deixou de ser uma realização do desejo, ou que aspectos ligados ao masoquismo do Ego foram postos em movimento.

Gostaria agora de continuar com o modo de funcionamento inicial do aparelho psíquico: as brincadeiras infantis. Freud observou durante várias semanas um menino de um ano e meio (seu neto) que realizava uma ação repetida e enigmática. Ele era uma criança judiciosa e obediente, que não chorava quando sua mãe o deixava sozinho por horas, apesar de seu afeto por ela. O jogo consistia em atirar objetos para baixo da cama, com a expressão: "oooo-", que significava "*fort*" [ele foi embora]. Ele parecia fingir que seus brinquedos estavam indo embora. Em outro momento, isso foi confirmado. Ele tinha um carretel de madeira amarrado com barbante. A criança jogava embaixo do berço, com a expressão "ooo-", e depois, quando puxava o barbante fazia com que aparecesse novamente com a expressão "*Da*" [aqui está]. Essa era a brincadeira: desaparecer e reaparecer. Ele repetia incansavelmente, embora o maior prazer correspondesse ao segundo momento, o do aparecimento.

A interpretação do jogo: a sua aceitação pulsional diante do afastamento da mãe, sem protestos, era compensada pelo reaparecimento feliz que conseguia por si mesmo. A vivência passiva, diante da partida da mãe, era compensada pelo momento ativo de sua recuperação. Outro aspecto do jogo poderia ter sido que ele "se vingasse" da mãe por sua saída, situação que fica evidente no jogo como: "Então, vá embora; eu não preciso de você. Sou eu mesmo que expulso você".

A questão que se coloca é: pode o processamento psíquico de algo impressionante ser expresso de uma forma primária e independente do princípio do prazer? Nas brincadeiras infantis, as crianças conseguem se livrar da carga emocional e é assim como elas se apropriam da situação; e talvez a fantasia de "ser grande e poder agir como os adultos" esteja incluída. Ao mudar a passividade da experiência para a atividade de brincar, ele faz com que um parceiro sofra o incômodo que lhe aconteceu; assim, ele se vinga ao fazer isso com outro.

Supomos que seja possível que, mesmo dentro do princípio do prazer, existem meios de transformar algo que em si mesmo era desprazeroso na recordação. No entanto, estamos procurando localizar tendências que sejam mais originais e independentes do princípio do prazer.

Capítulo III

Já se passaram vinte e cinco anos desde que Freud escreveu este capítulo, a técnica analítica foi substancialmente modificada. No início, o médico se contentava com comunicar ao paciente o que era oculto nele. Era, basicamente, uma arte da interpretação. Porém, como dessa forma nenhum resultado terapêutico era alcançado, o paciente foi encorajado a confirmar a conjetura mediante suas próprias recordações. A atividade terapêutica começou a se concentrar nas resistências do doente. Elas tinham que ser evidenciadas o mais rápido possível e, junto com a sugestão (que funcionava como "transferência"), encorajar o paciente a recusá-las. Entretanto, também não era possível tornar o inconsciente consciente, uma vez que o paciente não conseguia recordar tudo o que estava recalcado nele; até mesmo o mais significativo. Portanto, ele não tinha como corroborar que o que o médico dizia era exatamente o que ele estava sofrendo. Em vez disso, ele era forçado a repetir o recalcado com o médico, em vez de recordá-lo. O conteúdo sempre era uma experiência sexual infantil; um setor do complexo de Édipo e suas ramificações. Assim, a neurose comum foi transformada em neurose de transferência. A relação entre a evocação de recordações e a repetição transferencial pode ser diferente em cada caso. E, embora o médico não possa evitar esta repetição com ele, deve sempre procurar manter uma certa distância entre a realidade aparente e o reflexo de um passado esquecido.

A "compulsão à repetição" que aparece nos tratamentos analíticos merece um esclarecimento prévio. Existe um equívoco comum sobre a resistência. O inconsciente não oferece resistência alguma, já que ele tenta sempre entrar na consciência ou, em qualquer caso, descarregar por meio de uma ação real. A resistência vem das camadas superiores da vida psíquica, que são as que originalmente produziram o recalque. No início dos tratamentos analíticos, tanto os motivos do recalque como ele próprio se revelam inconscientes. Portanto, uma forma de esclarecer a terminologia é opor, nem tanto a consciência ao inconsciente, mas o *Ego coerente ao recalcado* (dele); porque no "Ego" há muito que está inconsciente. Em particular, o que pode ser chamado de "núcleo do Ego". Denominamos a pequena parte que cobrimos de "pré-consciente". Usando uma terminologia dinâmica e não descritiva, podemos dizer que a resistência do analisando provém de seu Ego; e que a "compulsão à repetição" deve ser adscrita ao inconsciente recalcado.

> *Parece provável que a compulsão à repetição só possa ser expressa depois que o trabalho analítico tiver percorrido metade do caminho para encontrá-la (...) Certamente, o Ego, consciente e inconsciente, se encontram a serviço do princípio do prazer" (FREUD, 1920/1992l.).*

Ele quer evitar o desprazer que seria gerado pela libertação do recalcado. Enquanto isso, nos esforçamos para que este desprazer seja tolerado, invocando o princípio de realidade. "Ora, que relação tem a compulsão à repetição, a externalização forçada do recalcado com o princípio do prazer"? ("A manifestação do poder do recalcado" (FREUD, op. cit.)). Sabemos que, o que causa prazer para um sistema, ocasiona desprazer para um outro, o que não contradiz o princípio do prazer, Mas o que é totalmente novo é que a compulsão à repetição faz com que apareçam vivências do passado que não contêm nenhuma possibilidade de prazer. Elas não foram prazerosas na época, nem permaneceram assim depois.

O florescimento da vida sexual infantil foi condenado a ser sepultado porque seus desejos não eram conciliáveis com a realidade, devido à fase evolutiva em que se encontrava em criança. Essa floração precoce afundou em meio de sensações dolorosas e a perda do amor e o fracasso deixaram um dano permanente no sentimento de si mesmo como uma cicatriz narcísica. Assim, o típico amor infantil chega ao fim.

Os neuróticos repetem essas sensações dolorosas na transferência. Eles encorajam o médico a desprezá-lo e a falar palavras duras. Nada do que foi atualizado era prazeroso na época. Isto se repete porque é forçado por uma compulsão. Este "eterno retorno do igual" parece ter um viés demoníaco. É menos surpreendente quando aparece em pessoas nas quais existe um comportamento ativo. Por outro lado, é inusitado quando é vivenciado pelos pacientes de forma passiva; como se fosse algo que não dependesse dele.

Por isso, parece que na vida anímica existe uma compulsão à repetição estabelecida para além do princípio do prazer. A ela referimos os sonhos das neuroses traumáticas e o impulso de brincar das crianças. Em relação aos fenômenos transferenciais, eles parecem estar a serviço das resistências do Ego, obstinado em recalcar. "A compulsão à repetição, que a cura pretendia colocar a seu serviço, é conquistada pelo lado do Ego, que quer se apegar ao princípio do prazer" (FREUD, 1920). A compulsão à repetição parece ser mais originária, elementar e mais pulsional do que o princípio do prazer, que ela depõe.

16. Dois verbetes de enciclopédia: psicanálise e teoria da libido (1923[1922]/1992e)

A. Psicanálise

É o nome de a) um enquadramento teórico, b) um procedimento de pesquisa do inconsciente [em sessão], e c) um método terapêutico, resultado de tal pesquisa.

História

Entre 1880 e 1881, Josef Breuer, um médico clínico geral e fisiologista experimental, tratou uma paciente com um quadro grave de histeria que ela contraíra enquanto cuidava de seu pai doente. A paciente sofria de paralisia motora, inibições e distúrbios de consciência. Por meio do tratamento com hipnose, ele obteve uma grande conquista terapêutica e também foi capaz de compreender as características de sua doença.

Quando Freud voltou de seu estágio na escola de Charcot, começou a trabalhar em parceria com Breuer. Juntos publicaram o texto *Sobre o Mecanismo Psíquico dos Fenômenos Histéricos* (1893) e, posteriormente, o livro *Estudos sobre a Histeria* (1893/1992t). Eles chamaram o procedimento que estavam usando de "catártico".

A catarse

Na atividade conjunta, eles obtiveram dois resultados que se mantiveram ao longo do tempo: 1) os sintomas histéricos possuíam sentido e significado, porque substituíam os processos psíquicos normais, e b) a descoberta do sentido desconhecido coincidia com o cancelamento dos sintomas. Dessa forma, havia coincidência entre a pesquisa científica e a proposta terapêutica.

Como eles tinham seguido as propostas de Charcot sobre a histeria traumática no início da atividade, eles colocaram em primeiro plano o fator *afetivo*. Argumentavam que os sintomas histéricos se deviam a processos psíquicos com intensa carga afetiva que não podiam seguir o caminho normal à consciência e, portanto, à descarga motora. O afeto *estrangulado*, impedido de ab-reagir, tomou um caminho falso, transformando-se em uma inervação somática (conversão). Freud chamou de "traumas psíquicos" as situações que os geraram, o que sempre correspondia a um passado distante. Desde então, a proposta conceitual que eles ofereceram foi que os histéricos sofrem de reminiscências.

A *catarse* era alcançada abrindo a possibilidade de que o afeto fosse descarregado normalmente em direção à consciência. A peça fundamental dessa teoria era a existência de processos anímicos inconscientes.

A passagem para a psicanálise

Breuer pensava que o efeito traumático tinha ocorrido em determinados estados psíquicos que ele chamou de *hipnoides*. Freud discordava. Para ele, uma representação se tornava patogênica quando era orientada numa direção contrária à tendência que prevalecia na vida psíquica, provocando assim a "defesa".

A renúncia à hipnose

Embora a catarse nos tratamentos hipnóticos tenha dado resultados terapêuticos, ficou demonstrado que eles eram produto da "sugestão" que o médico exercia sobre a vida psíquica do paciente. Portanto, os sintomas reapareciam assim que a sugestão enfraquecia ou não surtia efeito. A isto se acrescentava a restrição que implicava o número limitado de pacientes que podiam ser colocados em um estado de hipnose profunda.

A associação livre

Em princípio, o estado hipnótico tinha trazido um aumento na capacidade de associação dos pacientes. Com o abandono da hipnose, parecia que essa disponibilidade poderia ser perdida. No entanto, Freud relembrou a anedota de Bernheim: o paciente com sonambulismo perdia a memória do que tinha experimentado durante esse estado apenas em aparência. Se ele fosse forçado pelo médico ele conseguia lembrar, garantindo que ele sabia. É por isso que Freud também tentou, inicialmente, em tratamentos sem hipnose, forçar os pacientes a recordar. Mais tarde, ele percebeu que isso não era necessário. Os pacientes tinham associações abundantes, mas eles as rejeitavam e negligenciavam comunicá-las por causa de objeções auto impostas. Ele concluiu, definitivamente, que tudo o que um paciente podia pensar, com base em um determinado assunto, estava em íntima relação com ele. A técnica consistia, a partir daí, em que os pacientes não excluíssem nenhum material ou ocorrência para poder localizar, a partir dos vínculos associativos, os temas inconscientes, partindo da solidez do determinismo psíquico.

"A regra fundamental" da *associação livre* foi confirmada por Freud a partir daquele momento como um requisito indispensável para o trabalho analítico. O paciente era solicitado a ser um observador imparcial de si mesmo e a se concentrar em sua superfície psíquica. Ele era exortado a ser totalmente honesto e procurar mencionar tudo o que surgisse, sem excluir qualquer ocorrência, por mais que parecesse: desagradável, ridícula, trivial ou que acreditasse que não era o caso. Foi se confirmando progressivamente que as ocorrências que costumavam ser descartadas eram, justamente, as mais importantes em cada caso.

A psicanálise como arte da interpretação

Com o método analítico, Freud experimentou o que tinha descoberto em seus inícios com Breuer: os sintomas histéricos faziam todo o sentido e substituíam os atos mentais que tinham sido interrompidos em sua trajetória. Então, por meio das associações livres dos pacientes, devia-se conjeturar o significado dos sintomas. Por sua vez, a proposta do médico era ter uma "atenção uniformemente flutuante", evitando fixar em sua memória qualquer coisa particular do que os pacientes dissessem. Dessa forma, ele poderia orientar seu próprio inconsciente na direção do inconsciente do paciente. Embora não houvesse uma metodologia particular a ser seguida, a confirmação dessa técnica foi feita mantendo a neutralidade na experiência clínica para a descoberta do inconsciente.

A interpretação de operações falhas e dos atos acidentais

O esquecimento de palavras e nomes próprios eram conhecidos. Os deslizes na fala e na escrita. A perda e extravio de objetos ou atos que causam danos acidentais. Poderia ser demonstrado com a psicanálise que eles eram determinados por dois tipos de motivações, uma das quais era temporária ou permanentemente inconsciente. Desse modo, um abismo entre o psiquismo normal e o patológico foi resolvido e o valor do determinismo psíquico foi enormemente expandido. Na psicanálise, a interpretação das operações falhas e ocorrências possui um valor fundamental para a técnica.

A interpretação dos sonhos

Um novo acesso às profundezas da vida anímica foi alcançado pelo uso da associação livre para a análise dos sonhos. Na verdade, os sonhos nos permitem conhecer as camadas inconscientes da alma humana. Ao contrário dos antigos, cabe ao paciente a tarefa de decifrá-los a partir das associações sobre os elementos singulares do sonho. A análise desses fragmentos permite compreender o significado da atividade anímica de vigília. O sonho recordado, como "conteúdo onírico do sonho", se opõe a "pensamentos oníricos latentes" descobertos com a interpretação. A transformação do último no primeiro pode ser chamada de "trabalho do sonho". Pensamentos oníricos latentes também são chamados de "restos diurnos". Pelo trabalho do sonho, os pensamentos oníricos latentes são condensados de uma maneira extraordinária. Eles também são *deformados pelo deslocamento* de intensidades psíquicas na direção de figuração em imagens visuais. Finalmente, graças à "elaboração secundária", o sonho tende a adquirir algum significado e certa coerência.

A teoria dinâmica da formação do sonho

A força que impulsiona a formação de um sonho não é fornecida por pensamentos oníricos latentes ou restos diurnos, mas por um desejo inconsciente, reprimido durante o dia, que é combinado com os restos diurnos para compor a "realização do desejo". Todo sonho é, portanto, a realização de um desejo inconsciente e, ao mesmo tempo, a realização do desejo de dormir. Se pudéssemos isolar os pensamentos latentes que fazem parte do sonho, encontraríamos uma reflexão, um aviso, uma preparação para o futuro próximo ou a satisfação de um desejo não realizado. A natureza irreconhecível e estranha do sonho deve-se à transformação dos pensamentos latentes, em parte, em um modo de expressão *arcaico,* e também à ação de uma atividade crítica ainda em vigor até no sono. Presumivelmente, a "censura do sonho" é a mesma que manteve recalcada a expectativa inconsciente durante a vigília. Tanto no sintoma quanto no sonho existe uma realização do desejo incompleto, devido à ação da atividade do recalque.

O simbolismo

O sonho é composto de símbolos que o sonhador usa sem saber. Os usos linguísticos, o folclore e a mitologia têm o mesmo tipo de simbolismo; portanto, eles parecem ser uma herança arcaica muito antiga.

O valor etiológico da vida sexual

O método psicanalítico possibilitou saber que, na formação de todo sintoma, são encontradas impressões traumáticas da vida sexual infantil. Elas podem ser observadas claramente, tanto em neuroses comuns, como a *neurastenia e na neurose de angústia.* Foi possível concluir que, de maneira geral, nas atuais neuroses havia elementos do presente e nas *psiconeuroses* havia elementos que vinham de um passado distante. Nenhuma teoria gerou tanta rejeição quanto a psicanalítica que propõe a vida sexual como um fator etiológico proeminente nas neuroses.

A sexualidade infantil

Geralmente, considera-se que nos humanos o início da vida sexual ocorre na puberdade. Em vez disso, a psicanálise propôs considerar que a função sexual coincide com o início da vida extrauterina. A vida sexual infantil permitiu compreender características em adultos que eram consideradas "perversões". Portanto, foi necessário ampliar a noção de sexualidade, sem limitá-la ao contato genital. Por sua vez, o valor da "sedução" para a formação neurótica também foi modificado. Ela foi substituída pela "atividade fantasística", de importância crucial para a geração de sintomas.

O desenvolvimento da libido

A pulsão sexual, cuja expressão anímica chamamos de *libido*, é composta de pulsões parciais que se unificam gradativamente. Sua fonte são os órgãos do corpo, cujas áreas, em particular, chamamos de *zonas erógenas*. Para o bebê, a fase *oral*. Em seguida, a *sádico-anal*, em que se destacam o sadismo e o erotismo anal. Nesta fase, as diferenças entre os sexos assumem o valor dos ativos ou passivos. Por fim, as áreas pré-genitais são conjugadas, culminando na primazia *genital*. Dado que é um curso que ocorre rapidamente, existem pulsões que são interrompidas em fases anteriores à genital. Elas são chamadas de *fixações*, e são de particular importância na produção de sintomas neuróticos e perversões.

A descoberta do objeto e o complexo de Édipo

A pulsão oral parcial é *sustentada* na satisfação da necessidade de alimento, e no seio materno como objeto. Em seguida, ela se interrompe e se torna *autoerótica*; encontrando seu objeto no próprio corpo. Outras pulsões parciais também são inicialmente autoeróticas e mais tarde direcionadas a um objeto. Até mesmo as pulsões da área genital mantêm uma intensa satisfação autoerótica. Na organização genital definitiva, as correspondentes à zona anal são sufocadas ou negligenciadas. No homem, entre os dois e cinco anos de idade, o objeto sexual é a mãe. Essa orientação, junto com o complemento de hostilidade e rivalidade para com o pai, compõem o chamado *complexo de Édipo*. Ele contém um valor enorme para a vida amorosa. Pessoas normais aprendem a dominá-lo, enquanto os neuróticos permanecem apegados a ele.

A irrupção em duas fases do desenvolvimento sexual

Esse estágio inicial da vida sexual normalmente termina por volta do quinto ano de vida. Um período de *latência*, mais ou menos prolongado, continua. É o momento em que ocorrem as restrições éticas que permitem proteção contra os embates do complexo de Édipo. No período seguinte, da puberdade, o complexo de Édipo é revivido no inconsciente, pois as pulsões adquirem intensidade plena. O desenvolvimento da função sexual em dois estádios parece ser uma peculiaridade da espécie humana.

A doutrina do recalque

As neuroses são a expressão de um conflito entre o Ego e certas aspirações pulsionais consideradas incompatíveis com sua integridade física ou exigências éticas. Elas foram *recalcadas* pelo Ego, por não estarem de acordo com ele. Ele lhes retirou interesse e bloqueou seu acesso à consciência, bem como a satisfação motora. Quando, em tratamentos analíticos, é feita uma tentativa de tornar essas moções pulsionais conscientes, as forças do recalque são percebidas como "resistências", mas as pulsões sexuais obtêm novas vias de descarga, orientando-se para pontos de fixação anteriores, que são pontos fracos do desenvolvimento libidinal. Desta forma, um "sintoma" é uma formação de feita mediante uma transação entre pulsões sexuais recalcadas e pulsões do Ego de autodefesa, embora ele seja incompleto para ambos.

A transferência

Os tratamentos de análise permitem confirmar que as moções pulsionais interferem na conformação dos sintomas. Os pacientes estabelecem um vínculo emocional com o médico que pode variar do afeto à hostilidade teimosa. Para isso, a vida anímica toma as moções inconscientes do paciente. A transferência, tanto positiva quanto negativa, desempenha um papel especial no processo de cura de qualquer processo psicanalítico.

Os fundamentos da teoria psicanalítica

A existência de processos inconscientes; a doutrina da resistência e do recalque; a sexualidade e o complexo de Édipo são os fundamentos da teoria psicanalítica. Quem não os admite não deveria ser considerado parte dos psicanalistas.

Posteriores vicissitudes da psicanálise

A psicanálise experimentou um enorme desenvolvimento ao longo do tempo. Só mencionaremos duas excisões, ocorridas entre 1911 e 1913. A de G. Jung que, em um esforço para acomodar as exigências éticas da época, despojou o complexo de Édipo de seu significado, deixando de lado o período sexual infantil que chamamos de "pré-histórico". A outra foi a de Alfred Adler, que denominou "protesto masculino" ao recalque. Ele dispensou o inconsciente e as pulsões sexuais.

Os avanços mais recentes da psicanálise

O avanço mais importante na teoria foi a inclusão da libido do narcisismo no Ego recalcador. Seguindo essa teoria, o próprio Ego constituiria um reservatório libidinal denominado Ego narcísico, a partir do qual os objetos são investidos e podem retornar a ele. Graças a esses avanços, é possível diferenciar neuroses de *transferência* de condições *narcísicas.* As primeiras (*histeria e neurose narcísica*) são passíveis de tratamento com psicanálise. As segundas (*demência precoce, paranoia, melancolia*) ao retirar a libido dos objetos para localizá-la no Ego, são de difícil acesso por meio de tratamentos de análise.

A mudança de técnica

Após a técnica da interpretação, o interesse se voltou para as vias que poderiam ser mais adequadas para a obtenção de resultados no paciente. A tarefa consistia em conscientizar o paciente sobre as resistências que surgem nos tratamentos e fazer com que ele pudesse superá-las. Se a resistência não tivesse sido vencida, não havia transformação ou mudanças duradouras nos pacientes.

A psicanálise como método terapêutico

O campo de atuação do psicanalista por excelência é constituído pelas neuroses de transferência (histeria e neurose obsessiva), mesmo que todos os diferentes tipos de fobias, inibições e deformações de caráter também sejam beneficiados. Embora as modificações que podem ser alcançadas com a psicanálise requeiram um certo grau de plasticidade do Ego, ela não deve ser oferecida a pacientes idosos, nem a pessoas de pouco valor ético.

Certamente, pacientes de camadas populares terão acesso a tratamentos psicanalíticos a partir de instituições hospitalares.

A comparação da psicanálise com métodos hipnóticos e sugestivos

A psicanálise difere dos métodos sugestivos porque não pretende sufocar os sintomas com autoridade médica. Ela tenta resolver sua causa transformando permanentemente as razões de seu surgimento. A sugestão só é utilizada para que o paciente possa vencer as resistências, gerando ele mesmo sua própria cura. Uma definição possível de psicanálise seria: ela permite cancelar as resistências e a retirada dos recalques, para assim restituir ao Ego as energias que estão envolvidas nos conflitos psíquicos, o que expande as possibilidades de produção e prazer dos pacientes. A eliminação dos sintomas acaba sendo um ganho colateral do trabalho analítico.

Sua relação com a psiquiatria

Como uma psicologia profunda (em referência aos processos psíquicos inconscientes) ela certamente será no futuro uma ajuda essencial da psiquiatria.

As críticas à psicanálise e mal-entendidos sobre ela

Habitualmente, a Psicanálise é acusada de "pansexualismo"; isto é, de redirecionar tudo o que acontece com um paciente para o aspecto sexual. Desde o início, a psicanálise distinguiu as pulsões sexuais das do Ego e definiu que, além disso, o conflito é entre elas. "Libido" na psicanálise significa exclusivamente a força pulsional das moções sexuais; não energia psíquica em geral.

A psicanálise jamais afirmaria que o significado de todo sonho é a realização de um desejo sexual. Apenas uma perspectiva maliciosa diria que a cura dos distúrbios neuróticos seria alcançada pelo livre exercício dos desejos sexuais recalcados. Pelo contrário, o conhecimento dos desejos sexuais recalcados dá a possibilidade de dominá-los, o que antes era impossível. É também uma crítica sem qualquer base que a psicanálise iniba a religião, a autoridade ou a ética. Mesmo quando se afirmar que ela vai contra os valores supremos da humanidade (pesquisa científica, arte, amor, sensibilidade ética e social) por demonstrar que as moções pulsionais têm origem animal.

As aplicações não médicas e sua relação com a psicanálise

Uma vez consagrada a psicanálise como uma psicologia *do profundo*, foi possível resolver questões sobre as quais a psicologia da consciência não oferecia possibilidades. Foram estabelecidas relações com a filogenia. Assim, também foi possível constatar que os quadros patológicos eram regressões a estádios primitivos de desenvolvimento normal. Foi possível estabelecer que a emocionalidade do complexo de Édipo é ligada às duas principais proibições do *totemismo*: não matar o ancestral e não casar com a mulher da linhagem à qual se pertence. Da mesma forma, que a religião e o direito tinham nascido em tempos primordiais como formações reativas ao complexo de Édipo.

O caráter da psicanálise como ciência empírica

A psicanálise não é um sistema filosófico que tenta explicar todo o universo. Ela lida com os fatos de seu campo de atuação, tentando resolver os problemas que lhe surgem na observação, aberta ao que a experiência lhe oferece e sempre disposta a modificar ou corrigir sua doutrina.

B. Teoria da libido

Libido é um termo da doutrina das pulsões.

A oposição entre pulsões sexuais e pulsões do ego

Os primeiros fenômenos estudados pela psicanálise foram as chamadas neuroses de transferência (histerias e neuroses obsessivas). Os sintomas eram produto de moções pulsionais que foram rejeitadas (recalcadas) pela personalidade (do Ego) e, por meio desse desvio, eles encontraram uma possibilidade de expressão. Desta forma, as pulsões sexuais e do Ego ficavam em oposição (*pulsões de autopreservação*).

Como diz o poeta: "fome e o amor sustentam a fábrica do mundo". A libido era uma expressão de amor, assim como a fome era uma expressão das pulsões de autopreservação.

A sublimação

As chamadas pulsões sexuais eram compostas de pulsões parciais. Por sua vez, cada pulsão parcial tinha uma "fonte"; uma área do corpo da qual recebia estimulação. Era possível distinguir nelas *um objeto e uma meta*. A meta era sempre a descarga-satisfação, mas poderia passar da atividade para a passividade. O objeto poderia ser trocado com alguma facilidade e a pulsão que um objeto externo tinha inicialmente poderia ser voltada para a própria pessoa. As pulsões parciais podiam ser mantidas independentes umas das outras ou combinadas entre si para um propósito comum. Elas também podiam intercambiar o investimento libidinal, de modo que a satisfação de uma fosse também a satisfação da outra. O destino mais importante de uma pulsão parecia ser a sublimação, na qual o objeto e a meta sofriam uma mudança de via. Desse modo, uma pulsão originalmente sexual acabava tendo uma finalidade de maior valor social ou ético.

O narcisismo

Existiu um avanço importante graças ao estudo da *demêntia praecox*. Começou a ser estudado o próprio Ego, que até aquele momento era apenas o encarregado do recalque. Na demência, a libido era retirada dos objetos e apresentada ao Ego. Assim, a atividade paralisante era consequência da tentativa vã de devolver a libido aos objetos. Percebeu-se assim que o Ego era um grande reservatório de libido, que era enviada aos objetos e ele sempre tinha disponibilidade para recebê-la novamente. As pulsões de autopreservação também eram de origem libidinal. Era chamada de "libido narcísica", e o amor a si mesmo era a forma primária e normal. Desta forma, em neuroses de transferência, o conflito deixou de ser entre as pulsões sexuais e as pulsões do "Ego", e se transformou em um conflito entre a libido do objeto e a libido do "Ego".

A aproximação aparente à concepção de Jung

Parecia um retorno à teoria de Jung sobre a libido originária. Em especial, pela transmutação da libido do objeto em libido narcísica, pois implicava uma certa dessexualização. Entretanto, no fato de que as pulsões de autopreservação do "Ego" deveriam ser reconhecidas como libidinosas, não ficava demonstrado que outras pulsões não atuassem no "Ego".

A pulsão gregária

Muitos autores argumentam que nos seres humanos existe uma "pulsão gregária", que regularia o comportamento social e encorajaria as pessoas a se encontrarem com outros indivíduos em comunidades maiores. Não obstante, a psicanálise nega isso. A pulsão social é inata, pode ser reduzida a investimentos de objetos libidinosos originais, e na infância se desenvolve como uma formação reativa diante de atitudes hostis de rivalidade.

As aspirações sexuais do objetivo inibido

As pulsões sociais pertencem a uma classe de movimentos pulsionais, que se assemelham às "sublimadas". Elas se contentam com uma certa aproximação à satisfação e, portanto, estabelecem laços fixos e duradouros com outros seres humanos. Esta classe inclui os laços de afeto – de origem totalmente sexual – entre pais e filhos, os sentimentos de amizade e carinho nos casamentos que provêm de uma inclinação sexual de origem.

O reconhecimento de duas classes de pulsões na vida anímica

Em relação à doutrina das pulsões, a psicanálise teve que se apoiar na biologia. É possível admitir que o que constitui a vida e, por sua vez, conduz à morte, corresponde a dois processos orgânicos: anabolismo e catabolismo. Um conjunto destas pulsões, que operam na base, em forma silenciosa, e levariam à morte, são denominadas "pulsões de morte". Elas se tornariam evidentes como tendências de *destruição ou agressão.* As outras seriam as pulsões sexuais ou de vida. A sua denominação usual seria "Eros" e sua função seria, a partir da célula viva, constituir unidades cada vez maiores para obter a maior durabilidade da vida. No ser vivo, as pulsões de vida e morte estariam localizadas em misturas e amálgamas variáveis, mas também seria possível que houvesse uma diferenciação.

A natureza das pulsões

As pulsões seriam tendências da substância viva para um estádio anterior; expressão de uma inércia ou elasticidade do orgânico. Ambas as pulsões, *eros* ou pulsões de morte, trabalhariam uma contra a outra desde o início da vida.

17. Observações sobre a teoria e sobre a prática da interpretação dos sonhos (1923[1922]/1992n)

Na introdução, Strachey menciona que Freud estava interessado na compulsão à repetição, conforme visto nas seções VIII e X. Também no ideal do Ego, temas que ele havia abordado em Além Do Princípio Do Prazer (1920/1992l) e em Psicologia de Grupo e Análise do Ego (1921/1992o).

I. Para interpretar um sonho é possível seguir diferentes métodos: a) proceder cronologicamente, pedindo associações ao paciente de acordo com a forma como o sonho foi relatado. É o método original e clássico e Freud afirma que é o melhor; b) iniciar a análise do sonho por algum elemento proeminente. Tomar uma imagem mais nítida ou um dizer particular, na expectativa de que ele possa levar a certos temas de vigília; c) deixar completamente de lado o conteúdo manifesto e averiguar o sonhador acerca de qual evento do dia anterior estaria ligado ao sonho; d) deixar inteiramente a critério do paciente como ele quer analisar seu sonho.

II. A análise de um sonho dependerá de se ele for acompanhado de baixa ou alta resistência pelo paciente. Se as resistências forem altas, não se pode esperar que o paciente coopere. Se a resistência for muito elevada, as associações do paciente serão feitas de forma superficial e não profundamente. Surgirão então segmentos do conteúdo manifesto do sonho que não tinham sido relatados previamente.

É apenas quando a resistência é moderada que as associações do paciente inicialmente são muito divergentes e depois convergem para pensamentos oníricos latentes. Estes são os casos em que é possível a colaboração entre paciente e analista. Há certos sonhos relatados em sessão que não podem ser traduzidos, mesmo que eles não mostrem grande resistência. Eles servem como uma introdução aos pensamentos e recordações do sonhador, independentemente do conteúdo em si.

III. É possível distinguir *sonhos de cima* de *sonhos de baixo*. Os sonhos de cima são comparáveis a pensamentos ou propósitos diurnos que receberam durante a noite a adição de um desejo reprimido. Neles, o fator inconsciente é dispensado e se trata de seguir o fio dos pensamentos que se referem aos restos diurnos. Nos de baixo, os sonhos são efeito do estímulo produzido por um desejo inconsciente, implicando na introdução de um desejo recalcado durante a vigília.

IV. Há ocasiões em que aparece uma sequência de sonhos com características de uma "história de ficção", ainda que seja muito mais frequente que os sonhos não formem uma trama contínua, mas correspondam a segmentos sucessivos do pensamento de vigília.

V. A interpretação de um sonho tem duas fases: a tradução e sua apreciação ou avaliação. Primeiro se deseja saber o que o sonho "conta" e depois a característica do que estava relacionado. O que deve ser extraído de um sonho? Em princípio, um sonho é um pensamento como qualquer outro. Ele é tornado possível pelo relaxamento da censura e do reforço inconsciente; desfigurado também pela censura e pela elaboração inconsciente. Esses tipos de sonhos correspondem aos chamados "sonhos de cura".

VI. Nenhuma conclusão universal pode ser tirada sobre os sonhos. Por exemplo, em situações ambivalentes, há momentos em que aparecem sonhos com sentimentos de afeto e, a seguir, outros em que predomina a hostilidade. Só se pode saber sobre o estado afetivo do conflito por meio da ligação com a atividade do paciente na vida diurna.

VII. Os sonhos podem ser influenciados por "sugestão" médica? Isso não parece diferir da influência que o analista pode exercer sobre a atividade de seus pensamentos conscientes. Na verdade, o conteúdo manifesto dos sonhos é relacionado aos pensamentos de vigília e aos episódios que incitam à atividade psíquica. Se a pergunta sobre a "sugestão" médica for estendida para pensamentos latentes do sonho, a resposta também é sim. Por esse motivo, a questão de base é: até que ponto o paciente é acessível à sugestão em análise.

O paciente não é condicionado sobre a formação e o trabalho do sonho. Se pensarmos em pensamentos oníricos latentes, todo sonho terá o impulso formativo das moções inconscientes que o constituem. Alguém cético poderia pensar que elas ocorrem porque o médico as espera, embora isso não seja o que o próprio analista pensaria. A questão da influência do médico na formação dos sonhos ainda está pendente. Existem, por exemplo, os chamados "sonhos confirmatórios": são sonhos em que os pacientes trazem de volta memórias que confirmam o que o analista conjeturou nas sessões anteriores. Aqueles que têm particular importância são os sonhos que confirmam a conjetura, mas que aparecem posteriormente ao surgimento dos sentimentos esquecidos até aquele momento. Em todo caso, permanece a questão: podem os sonhos confirmatórios ser formas em que aparece a influência médica, entendida como sonhos de deferência? Uma frase pode explicar o ceticismo: "Os seres humanos costumavam sonhar antes de que existisse a psicanálise".

VIII. Não há dúvida de que os sonhos têm enormes vantagens para a descoberta do recalcado. Por sua vez, os sonhos de deferência vêm da parte positiva do complexo paterno, que chamamos de transferência. Em um grande número de sonhos, é esse fator que nos permite explicar o que foi esquecido e recalcado. Nas *Conferências Introdutórias sobre Psicanálise* (1916-1917), em que Freud discutiu a relação da transferência com a sugestão, foi visto o quão pouco os resultados de um tratamento analítico pareciam estar relacionados com a sugestão. E então, em *Além do princípio do prazer* (1920), ele perguntou por que experiências dolorosas do período sexual da infância podiam ser reproduzidas. Era preciso que ele aceitasse a existência de uma pulsão emergente, com enorme intensidade, uma "compulsão à repetição", capaz de superar o esforço de recalque que estava a serviço do princípio do prazer. No entanto, isso não acontecia antes de "o trabalho do solicitante da cura tivesse aliviado o recalque" (FREUD). Deve-se acrescentar que é a transferência positiva que auxilia na compulsão à repetição, pois foi estabelecido um pacto entre a cura e a compulsão à repetição. Inicialmente, a compulsão à repetição é direcionada contra o princípio do prazer, a fim de instalar o princípio de realidade. Porém, em repetidas ocasiões, ela não respeita o pacto estabelecido e não fica satisfeita com o retorno do que foi recalcado sob a forma de imagens oníricas.

IX. Na perspectiva que Freud expressa neste texto sobre sonhos, a neurose traumática seria a única exceção eficaz aos sonhos como desejos realizados e os sonhos punitivos parecem ser a única exceção aparente. Nestes últimos, o conteúdo manifesto acaba sendo uma formação energética reativa ao conteúdo latente. É uma denegação ou uma contradição absoluta, que só é atribuível à instância crítica do Ego, que foi restaurada durante o sono. Ela poderia ter operado ao acordar, mas com o sonho punitivo, ela conseguiu evitar que o resto fosse interrompido. A censura é frequentemente expressa no conteúdo manifesto dos sonhos, incluindo algo contrário ou oposto ao que o sonho mostra.

X. O Ego do sonhador aparece mais de uma vez nos sonhos; seja na própria pessoa ou nos outros, em diferentes personagens do sonho. A elaboração secundária tentou cancelar esta multiplicidade, mas a interpretação do sonho a encontra novamente. Se bem que nem todas as pessoas que aparecem no sonho devem ser consideradas substitutos do próprio Ego, por outro lado, confirma-se que a separação entre o Ego e sua instância crítica, punitiva ou ideal, tem valor para a interpretação dos sonhos.

18. Inibição, sintoma e ansiedade: a regra fundamental (1926[1925]/1992k)

O neurótico obsessivo tem uma dificuldade particular em obedecer à regra fundamental. É consequência de sua compulsão a guiar seu pensamento, bem como a isolar e evitar o contato. São expressões do conflito entre o seu Superego e o isso. Em particular, ele se defende na sessão de sua ambivalência e fantasias inconscientes. Por estar tão impedido de permitir que conexões surjam entre seus pensamentos, ele está, de certa forma, obedecendo a um mandamento fundamental da neurose obsessiva: o tabu do "contato".

19. Os leigos podem exercer a psicanálise? Diálogo com um juiz imparcial (1926/1992a)

No capítulo V, partindo da ideia de que leigo é igual a *não médico*, a pergunta que tentaremos responder neste artigo é se as pessoas que não são médicos podem ter permissão para exercer a psicanálise.

No capítulo V, Em diálogo imaginário com aquele suposto juiz imparcial, ele oferece estes conceitos: "Ele promete cura total", se o paciente se comprometer a obedecer à regra fundamental da análise: dizer com total sinceridade o que lhe vem à cabeça (durante a sessão), mesmo que isso seja desagradável ou irracional. Por meio das comunicações, o analista infere as vivências e moções de desejo que o paciente recalcou, pois elas ocorreram em um momento da infância em que o Ego era fraco. O analista as comunica ao paciente, que com sua ajuda melhora. De todo o escutado, como determinar o que realmente corresponde ao que é recalcado? Para isso, a primeira atividade do analista será *interpretar* o material; sejam recordações, ocorrências ou sonhos. Uma forma de garantir que as interpretações sejam corretas, para que não sejam influenciadas pela personalidade do analista, é que o profissional também tenha sido submetido a um tratamento de análise. Desse modo, ele pode direcionar seu próprio inconsciente para o do paciente.

Uma vez encontradas as interpretações corretas, é necessário aguardar o momento certo para oferecê-las ao paciente. Esse momento será quando o próprio paciente tiver se aproximado o suficiente, e estiver a apenas um passo de obtê-lo sozinho. Devemos saber que, embora o paciente queira se curar, outro setor dele se opõe à melhoria; essa é claramente sua condição neurótica. Os restos do recalcado irromperam no Ego, que perdeu sua unidade. É por isso que a resistência do paciente à cura é frequentemente baseada na série de "benefícios" de permanecer doente; é o chamado "ganho da doença" [benefício secundário da doença]. Como o Ego do paciente não sabe disso, é necessário "forçá-lo" a saber.

Algo mais sobre a psicologia profunda: até agora nos referíamos a temas em torno do Ego e do Id, a movimentos inconscientes e o Ego recalcador. Devemos agora incluir uma peça específica que chamamos de "Superego". É uma instância intermediária entre os dois: pertence ao Ego, mas tem uma relação intensa com o isso.

O Superego é o sedimento das primeiras investiduras que o isso fez dos objetos. Ele é o herdeiro do complexo de Édipo, após ser enterrado. Ele trata a si mesmo como um objeto muitas vezes de forma dura; e é quem gera a sensação de "consciência moral". Nos neuróticos, ele não conseguiu se transformar em uma instância impessoal, mas "fala" com o "Ego" como se fosse um pai austero conversando com seu filho. Por esse motivo, quando um forte sentimento de culpa é mantido na vida anímica do neurótico, a doença às vezes é vivenciada como uma "autopunição".

Chamamos de *resistências* todas as forças que se opõem à cura. Consequentemente, o "sentimento inconsciente de culpa" representa a resistência do *Superego* é o fator mais importante a ser realizado para um tratamento bem-sucedido.

Dado que as aspirações sexuais foram reprimidas na primeira infância, quando são abordadas em tratamentos o Ego responde com angústia. É por isso que as denominamos "resistências do Id". Podemos ter certeza de que o triunfo sobre a resistência, mediante o trabalho analítico, restaurará um Ego fortalecido aos pacientes ao final da cura. Como o percurso de uma análise é profundo, os tratamentos demoram muito.

A influência pessoal no paciente favorece o tratamento para superar as resistências. O paciente exibe uma relação afetiva particular com o analista. Assim como as crianças acreditam nas pessoas de quem dependem, essa mesma influência "sugestiva" é a que os analistas usamos para encorajar os pacientes a superar suas resistências. Em qualquer caso, é necessário esclarecer que esses sentimentos de ternura podem deslocar-se, nos tratamentos psicanalíticos, para experiências de amor que dispensam todos os critérios de realidade, independentemente da idade, sexo ou condição social. É um amor "compulsivo" que exige satisfação sensual e exclusividade. Ele sente ciúmes, hostilidade e desejos de vingança quando não consegue satisfazer suas expectativas. Ele rapidamente perde o interesse pelo tratamento e pela recuperação, substituiu uma doença por outra. É evidente para nós que na base de toda neurose existe um fragmento da vida amorosa infantil. Portanto, tomamos como objeto de análise essa mesma paixão. O que observamos é que ela tenta reprimir os sentimentos, tanto amorosos quanto hostis, na nossa presença. Por este motivo, concluímos que ela *repete* com o analista as vivências que já experimentou alguma vez. Ela *transfere* para o analista os sentimentos que estavam na base de sua neurose. "Ele o reproduz como algo presente, em vez de recordá-lo" [agieren]

(FREUD, op. cit.). Assim, o enigma do amor transferencial é resolvido e a análise continua precisamente com a nova situação.

A análise da transferência requer cuidados técnicos muito especiais. Não faz sentido sufocar ou desconsiderar a transferência. Se for realizado por um psicanalista, ele é denominado tratamento analítico. É verdade que há momentos em que não é possível conter a investida das emoções transferenciais dos pacientes. Nesses casos, não há alternativa: as análises terão de ser interrompidas. Embora saibamos que aceitar as demandas transferenciais dos desejos amorosos não é apenas ilegítimo e eticamente inadmissível, isso acaba sendo absolutamente ineficaz para a realização terapêutica. O neurótico não se cura se a repetição já existente nele não for cancelada. A única saída possível para a repetição transferencial é o redirecionamento permanente para o passado, o que implica habilidade e paciência por parte do analista. Finalmente, uma vez que os seminários nos institutos de formação psicanalítica foram realizados, a supervisão de seus pacientes com analistas mais experientes e a análise pessoal realizada, *ele não é mais um leigo no campo da análise.*

20. Novas conferências introdutórias sobre psicanálise (1933/1991j)

As críticas à psicanálise têm sido muitas, provenientes de diferentes setores, tanto científicos quanto culturais. Freud considerou o comportamento de oposição geral como um fenômeno de resistência, da mesma qualidade que ele tinha de combater em pacientes individuais. Ele tentou não entrar na polêmica e foi isso que ele propôs aos seus seguidores. Finalmente, os resultados de tal posição foram bons.

No entanto, os apoiadores muitas vezes pediam que ele mencionasse as diferenças entre a psicanálise e outras abordagens semelhantes. Por exemplo, a psicologia individual de Adler que, nos Estados Unidos, obteve a mesma consideração no tocante aos direitos que a psicanálise. Em vez disso, o que a psicanálise propõe é uma psicologia do indivíduo humano.

Um psicólogo individual dirá que o motivo para se impor aos outros, seja um homossexual, um necrófilo ou um neurótico sofrendo de angústia, será a vontade de sobrecompensar a inferioridade; de passar "por cima", de cruzar a linha do feminino para o masculino. Do ponto de vista da psicanálise, os individualistas confundem a parte com o todo. A pulsão de autoafirmação tentará tirar proveito disso, mesmo se sentindo mal. Em psicanálise, isso é chamado de "benefício secundário da doença". Se pensarmos no masoquismo do Ego, na necessidade inconsciente de punição e autolesão neurótica, também poderemos questionar a verdade universal proposta pela psicologia individual. Ela elimina totalmente a noção de inconsciente e sexualidade.

Além disso, no caso de Rank, a ênfase pode ser colocada na angústia do nascimento como o motor de todos os distúrbios neuróticos subsequentes. Um aspecto abordado pela filha Ana Freud foi a aplicação da psicanálise à pedagogia. Claramente, a criança deve aprender a governar sua sexualidade e a educação deve cumprir a função de sufocar o pulsional, sabendo que, dessa forma, pode provocar uma neurose. É por isso que deve ser mantido entre *Cila* de permissão e *Caríbdis* de negação (frustração). Se a tarefa for resolvida de maneira ideal, ele poderá extirpar um dos produtores essenciais das neuroses: os traumas acidentais da infância, sabendo que a disposição pulsional constitucional não pode ser eliminada.

Quinze anos depois de propor sua teoria, Freud se pergunta o quanto pode ser alcançado com a análise. Ele reconhece que nunca sentiu muito entusiasmo com a terapia e, claro, há muito mais pessoas que acreditam em milagres religiosos (como a Virgem de Lourdes) do que na psicanálise. A atividade analítica é muito exigente e requer de dedicação exclusiva do médico. O que muitas vezes falta nas terapias é a força pulsional necessária para impor a cura. A outra limitação dos sucessos das terapias analíticas é o tipo de doença. É sabido que os mais acessíveis para os tratamentos analíticos são as neuroses de transferência, as fobias, as histerias, as neuroses obsessivas e também as anormalidades de caráter que se desenvolveram a partir dessas doenças. Por outro lado, os estados narcísicos e psicóticos são inadequados para a psicanálise. Um fator negativo das estatísticas é o diagnóstico que pode ser feito, com alguma precisão, após a realização de um tratamento de teste. Porque, se o paciente não se revelar apropriado para a análise, as estatísticas daqueles que não se beneficiaram deste tipo de tratamento aumentam. Por outro lado, se ele fosse candidato, seria rejeitado quase do início.

Uma última reclamação que é feita aos tratamentos analíticos é que eles são excessivamente demorados. Contudo, como no caso da tuberculose ou do *lúpus*, só é possível ter sucesso com tratamentos adequados às características da condição.

21. Análise terminável e interminável (1937/1991c)

Strachey menciona na nota introdutória que este é um artigo pessimista com relação à eficácia clínica da psicanálise, pois as dificuldades do procedimento e os obstáculos que se apresentam têm destaque. Nas *Novas Conferências* ele havia escrito: "Eu nunca fui um entusiasta da terapia" (FREUD, 1932/1991j, , p.140). Ele enfatiza aqui a intensidade do constitucional da pulsão e a relativa fraqueza do Ego em situações como puberdade, menopausa e doenças orgânicas. Finalmente, embora o inconveniente mais poderoso e incontrolável seja a pulsão de morte, ele a considera responsável pela maior resistência encontrada nos tratamentos analíticos e também a causa última do conflito emocional. Ele re-hierarquiza três elementos que são decisivos para o sucesso de uma terapia: a origem traumática dos sintomas (em oposição ao constitucional), a importância do *quantitativo*, e a alteração do Eu. Sobre este último elemento, Freud tendia a considerar que a ação terapêutica envolvia a modificação de alterações já existentes no Ego, devido ao efeito de processos defensivos.

Nesse artigo, ele também é cético quanto à eficácia "profilática" da psicanálise. Apenas um conflito "atual" pode ser modificado, e embora isso seja resolvido, não há garantia de que o Ego não possa ter dificuldades para resolver os outros. No entanto, a eficácia da análise em relação aos conflitos latentes talvez pudesse depender da relação entre o fator quantitativo da pulsão e a robustez do Ego.

Capítulo I

Libertar um ser humano de seus sintomas neuróticos, inibições e anormalidades de caráter exige um enorme trabalho.

Encurtar o tempo foi o que Otto Rank propôs em seu livro *O trauma do nascimento* (1924). Ele propôs que a fixação originária à mãe não fosse superada e continuasse como "recalque originário". Rank acreditava que resolveria toda a neurose de um paciente com aquela "pecinha" em particular.

Freud, em sua experiência com o tratamento de um homem que parecia muito "confortável" com sua doença, decidiu estabelecer um prazo para sua conclusão (FREUD, 1918[1914]/1992c). Por meio deste recurso, as resistências do paciente cederam e em pouco tempo surgiram recordações e nexos que permitiram esclarecer sua neurose atual. No final da guerra, o paciente voltou para consultar Freud em Viena, desta vez como fugitivo e sem recursos. Ele o ajudou, durante alguns meses a resolver uma parte não tramitada da transferência.

Estabelecer o fim de uma análise com essa finalidade tem valor, porque é vivido como uma experiência coercitiva. Embora seja possível que uma parte do material apareça e outra seja sepultada. É relevante saber que não é válido estender o prazo uma vez estabelecido, pois o paciente não acreditaria mais nesse recurso. "O leão salta uma única vez".

Capítulo II

Comunicar a um paciente "a sua análise não foi concluída", ou "você não foi analisado até o fim", são ditos que colocam em dúvida se "existe um final natural para cada análise". Na prática, uma análise termina quando o paciente e o analista deixam de se reunir para trabalhar juntos. Para que tal situação ocorra, duas condições devem ser satisfeitas: a) que o paciente não sofra mais os sintomas da angústia e/ou inibições que o levaram ao tratamento; ou b) que o analista esteja certo de que ele tornou o material recalcado consciente e eliminou a resistência interna do paciente, que os processos patológicos em questão não podem mais se repetir. Caso dificuldades externas impedissem a continuação, seria apropriado falar de uma análise imperfeita, mas não terminada.

Os tratamentos que tiveram um final feliz são aqueles em que, em geral, o Ego do paciente não foi notoriamente alterado e a neurose era de tipo traumático. Na situação oposta, se as pulsões tivessem sido extremamente intensas e o Ego do paciente tivesse sofrido traumas precoces, os resultados do tratamento não teriam sido positivos. Na época em que Freud o enunciou, esperava-se que uma cura analítica fosse duradoura ou, em qualquer caso, que uma nova condição não revelasse que se tratava da reanimação pulsional anterior. A verdade é que não havia maneira de prever qual seria o futuro de uma cura.

Capítulo III

Dos três fatores de relevância para adoecer, a influência de traumas, intensidade das pulsões e distúrbios do Ego, aqueles que se referem à questão pulsional parecem mais importantes. É desejável que o fator pulsional seja admitido na harmonia do Ego, e que não siga o seu próprio caminho para a sua satisfação. É importante considerarmos a relação que existe entre a intensidade pulsional e a robustez do Ego. Sabendo que existem dois momentos em que o pulsional aumenta (na puberdade e antes da menopausa, nas mulheres) considera-se necessário levar em consideração o fator econômico, assim como o dinâmico e o tópico.

A psicanálise produz um estado que anteriormente não existia no paciente, e essa nova formação constitui a diferença essencial entre a pessoa analisada e a não analisada. Todos os recalques ocorrem na primeira infância. Elas são medidas de defesa do Ego imaturo e fraco. Nenhuma nova é estabelecida, e o Ego recorre aos anteriores para governar as pulsões. É este o motivo pelo qual os conflitos são tramitados mediante o "pós-recalque". A análise faz com que o Ego, amadurecido e fortalecido, reveja esses recalques. Serão construídas bases mais sólidas que não cederão tão facilmente ao ataque das pulsões. "A retificação subsequente [nachträglich] do processo do recalque originário, que põe fim ao hiper poder do fator quantitativo, seria então a operação genuína da terapia analítica" (FREUD, 1937/1991c, p. 230).

A evolução libidinal cursa em fases: oral, sádico-anal e fálico-genital. A substituição de uma pela outra ocorre gradativamente e nunca é totalmente concluída. É por isso que sempre há vestígios de fases anteriores. A tarefa analítica se concentra em substituir recalques permeáveis por outros confiáveis. É por isso que a realização da análise passa pelo fortalecimento do Ego e pela ajuda que podemos lhe dar.

Capítulo IV

A questão é se os conflitos podem ser repetidos após um paciente ter passado por um tratamento analítico, se um conflito resolvido retorna ou se ele é substituído por um novo conflito. Freud reafirma que se os conflitos pulsionais atuais não podem ser influenciados por um tratamento analítico, em teoria, duas possibilidades permanecem: torná-lo atual dentro do tratamento, ou falar sobre a possibilidade de sua ocorrência. No entanto, nenhuma delas é viável.

Capítulo V

Para a psicanálise, as três características que contam no surgimento de uma neurose são: a etiologia traumática da doença, a intensidade das pulsões e as alterações do Ego. As que têm mais importância nos tratamentos são as pulsionais. No que diz respeito às alterações do Ego, as variantes podem ser originais ou adquiridas; e são as últimas que a análise pode tratar com mais eficácia. O Ego, desde o início, tenta mediar entre o isso e o mundo externo, a serviço do princípio do prazer. Portanto, ele trata as demandas pulsionais como perigos externos, porque sabe que a satisfação pulsional traria conflitos com o mundo exterior. Os procedimentos internos que ele realiza para evitar o perigo são chamados de "mecanismos de defesa"; eles são colocados a serviço de evitar conflitos, angústias e desagrado. De um deles, o "recalque", surgiu o estudo das neuroses. A fuga é útil para a realidade externa, embora seja impossível fugir da realidade interna. Por esse motivo, apela-se à falsificação da percepção interna que traz consigo uma noção deficiente e alterada do isso.

Os mecanismos de defesa são postos a serviço da prevenção de perigos, embora as cargas dinâmicas envolvidas e as alterações que elas geram coloquem uma pesada carga sobre o Ego. Eles são mantidos uma vez estabelecidos, mesmo quando não são mais necessários e permanecem como estilos de caráter a serem apelados quando as situações da vida o exigem. E o usual é que o Ego tente encontrar situações da vida real que justifiquem sua permanência e apego a elas. Citamos o livro de Anna Freud (ano), sobre a influência dos mecanismos defensivos nos tratamentos, pois, nas análises, uma parte tem a ver com o tema pulsional e a outra com as alterações do Ego.

Os mecanismos de defesa aparecem nas análises na forma de resistências à restauração, pois o Ego trata a cura como um novo perigo. Embora as resistências pertençam ao Ego, elas são totalmente inconscientes e estão separadas dele. O efeito terapêutico é tornar o recalque consciente, quando o Ego deixa de se apegar às resistências. No entanto, desta forma, o paciente deixa de lado a obediência à regra fundamental e não permite que surjam os restos do recalque. As resistências não são apenas contra o isso, mas também contra o tratamento e a cura como um todo. O efeito terapêutico de uma análise dependerá da intensidade do apego à "alteração do Ego" e que depende do fator quantitativo.

Capítulo VI

A questão que surge é se todas as alterações do Ego são adquiridas como consequência das lutas defensivas iniciais. Na oposição entre adquiridas ou herdadas, ele se posiciona no que Freud chama de "herança arcaica": características do Ego que já foram estabelecidas pelos ancestrais, embora este ainda não esteja presente, atendendo a particularidades de famílias, raças ou nações. Também supõe uma característica herdada de uma certa viscosidade libidinal, existente em certas pessoas que não conseguem deslocar os investimentos libidinais de um objeto para outro, embora existam exemplos opostos: pessoas cuja libido tem uma mobilidade especial que rapidamente adotam novos investimentos, renunciando aos anteriores. Isso também é observado nas análises, pessoas com uma certa "inércia psíquica"; que ele denominou de "resistências do Id", considerando que neles existem uma certa entropia psíquica.

Finalmente, Freud também tipifica um novo tipo de resistências, que ele chamou de "resistências do Superego". Ele pensa que elas contribuem para a formação da culpa dos neuróticos, do masoquismo imanente e da reação terapêutica negativa. Por essa razão, não pode ser sustentado, uma vez que a vida anímica é administrada apenas pelo princípio do prazer. O outro tipo de pulsão que faz parte do anímico seria "a pulsão de agressão" ou "pulsão de morte", mais originária e característica da matéria animada.

Ele toma como referência o filósofo Empédocles de Acragas, nascido por volta de 495 a.C., que considerava a existência o efeito da mistura de quatro elementos fundamentais: água, terra, fogo e ar. No mundo, assim como na alma, haveria duas forças naturais com caráter de pulsão: o amor e a discórdia. O primeiro tenderia a agrupar e reunir os elementos em unidades maiores. O segundo, por outro lado, os separaria em suas partículas primárias. Esses dois princípios de Empédocles correspondem às duas pulsões primordiais da psicanálise: Eros e Tânatos. Ambas aparecem em diversas misturas e combinações entre si. Ao princípio da *discórdia* ele deu infraestrutura biológica, considerando a pulsão para a destruição como uma pulsão de morte. Seria o esforço do que é vivo retornar ao estado inerte.

Capítulo VII

Freud toma como exemplo uma palestra proferida por S. Ferenczi, em 1927, intitulada *O problema da finalização das análises.* Ele valoriza que nesse artigo Ferenczi observou que o objetivo da análise não era a duração, mas a profundidade e que o analista aprendeu de suas próprias "imperícias e erros".

Ele não deixa de considerar que o trabalho analítico pode ser interferido pelas características da personalidade do analista e desta forma pode não assumir corretamente as características dos pacientes. Ainda mais porque o vínculo analítico se baseia no "amor à verdade, (...) excluindo toda ilusão e engano". Portanto, ser analista seria a terceira das profissões impossíveis, como educar e governar.

Ele se pergunta onde um profissional obteria a aptidão necessária para ser psicanalista. A resposta é: "na própria análise". Assim, um candidato pode ter a convicção plena da existência do inconsciente, o reconhecimento do surgimento das resistências diante do recalcado e a convicção sobre a técnica a implementar. Os efeitos de ter passado por sua própria análise não terminam quando ela cessa. A recomposição do "ego" continua espontaneamente, somando-se à experiência realizada, conferindo assim ao profissional aptidão para ser analista. Para garantir que o papel do analista seja apropriado para a função, ele ou ela deveria ser reanalisado a cada cinco anos. Por isso, não só a análise dos pacientes, mas também dos analistas se tornaria uma tarefa "sem fim". Uma análise terminaria sua tarefa quando puder criar as condições mais favoráveis para as funções do Ego.

Capítulo VIII

Dois assuntos são característicos das análises tanto de homens quanto de mulheres. Nas mulheres há "a inveja do pênis", querendo alcançar a posse de um pênis masculino e nos homens a "revolta contra sua atitude passiva ou feminina" para com outro homem. Ambos os assuntos foram mencionados na literatura psicanalítica desde o início como um comportamento diante do complexo de castração. Na época, Alfred Adler o chamou de "protesto masculino", embora fosse melhor chamá-lo de "desautorização da feminilidade".

No homem, a aspiração para a masculinidade está totalmente de acordo com o Ego. A atitude passiva, na medida em que ela implica castração, é energicamente recalcada. Nas mulheres, na fase fálica, a aspiração para a masculinidade está de acordo com o Ego antes do desenvolvimento da feminilidade. Então ela sucumbe à repressão e desempenha um papel no destino do feminino. A aspiração de um pênis, no desenvolvimento feminino normal, torna-se então o desejo de um filho e de um homem (portador do pênis). Como podemos observar, o que sucumbe ao recalque são as características do sexo oposto. Como pode ser visto nas análises, após passar por todas as camadas psicológicas, o desejo pelo pênis e o protesto masculino parecem constituir a "pedra angular"; o que põe um fim à atividade analítica. Talvez deva ser assim porque, para o psicológico, o biológico constitui o "embasamento rochoso subjacente> >.

CONSTRUÇÕES EM ANÁLISE (1937/1991d) (título de capítulo)

1. O propósito do trabalho analítico é, para Freud, induzir o paciente a cancelar os recalques que foram estabelecidos na primeira

infância e substituí-los por outros que correspondam à sua maturidade psíquica atual. O paciente deveria se lembrar novamente das experiências, com os afetos que elas promovem. Os sintomas e as inibições são substitutos do que foi esquecido.

Que tipo de material o paciente nos oferece: a) traços daquelas recordações, que aparecem nos sonhos, b) ocorrências, efeito da "livre associação" que nos permitem adivinhar sobre os recalques, c) restos dos afetos sufocados, com as reações que são produzidas por isso, d) sinais das repetições do recalcado, que surgem na intimidade do paciente, tanto na análise como em sua vida cotidiana. A transferência com o analista é o meio mais adequado para o retorno de tais laços afetivos; matéria-prima com a qual temos que fazer nossa tarefa.

Como fazer isso? Na transferência, partes do passado esquecido emergem com total clareza, já que o paciente deve ser movido a recordar o que foi vivenciado e recalcado. O analista terá que inferir o que está esquecido nas pistas que o paciente oferece; ele tem que construí-lo. É uma tarefa semelhante à de um arqueólogo, mas ele tem a seu favor que se trata de algo "vivo". Ele faz isso tirando conclusões de fragmentos de recordações, de certas associações e expressões ativas do paciente, mas especialmente das reações da primeira infância, que se mostram na transferência como repetições do recalcado. Os elementos essenciais de tal período da vida do paciente foram preservados; ele está sepultado e inacessível à sua evocação. A diferença fundamental com a arqueologia é que a reconstrução na psicanálise não é o objetivo final, mas uma tarefa preliminar.

2. De modo geral, o analista constrói uma peça e a coloca na frente do paciente para exercer certo efeito sobre ele. A seguir, ele adiciona uma outra e vai procedendo da mesma forma. Embora geralmente o trabalho do analista tenha sido realizar as

"interpretações", elas se referiam ao trabalho relativo a um setor singular do material: uma ocorrência ou a uma operação falha. Em vez disso, com uma construção, o analista oferece ao paciente um setor da pré-história esquecida.

Que garantia temos de que a construção que oferecemos é correta? A experiência mostra que uma construção incorreta, como verdade histórica, não apresenta dano nenhum ao paciente. Ele se mostra como se não tivesse sido tocado.

De qualquer forma, o "sim" de um paciente não deve ser considerado em forma literal. Ele é corroborado indiretamente quando surgem novas recordações que complementam a construção. Este também é o caso do "não", porque em certos casos eles são motivados pela resistência. Em outros, o "não" implica que a construção foi incompleta e refere-se ao fato de que existe um fragmento que ainda não foi exposto, que "tudo ainda não foi dito".

O importante é que existem variantes indiretas de corroboração. Se um paciente disser: "nunca tinha pensado nisso", ou "nunca me passou pela cabeça", o analista deve inferir que ele tinha razão. Também existem afirmações positivas. Por exemplo, se o paciente responder associativamente com algo semelhante ou análogo ao que foi construído.

A situação clínica com pacientes que estão sofrendo uma intensa reação terapêutica negativa (consciência de culpa, necessidade masoquista de punição ou recusa à ajuda terapêutica) é extremamente notável. Uma construção errada não faz efeito sobre ele, mas, se o analista estiver certo, o paciente responde com um agravamento de seus sintomas e condição geral. É importante notar que a construção é uma conjetura, que precisa ser confirmada ou rejeitada no decorrer do tratamento.

3. O caminho que se inicia com uma construção do analista deve terminar na recordação do analisando. Como isso nem sempre é possível, às vezes é suficiente com a convicção da verdade, que do ponto de vista terapêutico tem o mesmo valor que uma recordação. Em certas ocasiões, após oferecer uma construção ao paciente, surgiam recordações "hiper nítidas" de pessoas ou lugares que não estavam ligados ao cerne da situação. O mesmo acontecia com certos sonhos, nos quais algumas partes eram mais brilhantes do que outras. Parecia que a construção queria fazer emergir da consciência o recalcamento, graças à pulsão "emergente" [auftrieb], e uma resistência o tinha impedido parcialmente. Ela tinha feito surgir por deslocamento objetos e situações vizinhas. Se se acrescentarem a estas recordações claras a crença na realidade, elas poderiam ser consideradas alucinações. Talvez agora devamos considerar a possibilidade de que em todas as alucinações, as experiências precoces e esquecidas possam retornar, do momento em que a criança ainda não possuía linguagem verbal.

É provável que em quadros psicóticos delirantes, as alucinações não estejam tão distantes da pulsão emergente do inconsciente ou do retorno do recalcado. Visto desta forma, não apenas haveria um certo método na loucura, mas o delírio também conteria um fragmento de realidade *histórico-vivencial*. Reconhecer esse âmago da verdade não só daria sentido ao crédito intenso que o paciente tem de seu delírio, mas também seria um terreno comum sobre o qual o trabalho terapêutico poderia ser desenvolvido.

Assim como nossa construção produz um efeito ao restaurar um fragmento da biografia do passado [*Lebengeschichte*] - "história objetiva de vida"), também o delírio deve sua convicção à parte de verdade histórica vivencial que ele coloca no lugar da realidade rejeitada. É neste sentido que, em geral, o paciente, não só na histeria, "sofre por suas reminiscências".

22. Esboço da psicanálise (1940[1938]1991f)

O sonho é uma psicose, com todas as suas características. De curta duração e com uma função útil. Ele tem o consentimento de quem sonha que, por sua vez, pode interrompê-lo à vontade. Portanto, não é improvável que mesmo as doenças mais temidas também possam ser tratadas pela influência analítica. Por outro lado, sabemos que o Ego obedece a três vassalos: a realidade objetiva, o Ide o Superego; mas apesar disso, ele mantém a sua organização. Embora um enfraquecimento do Ego, parcial ou total, o impeça de realizar suas tarefas.

As demandas mais importantes vêm do pulsional, contra o qual o Ego deve apelar para um grande número de contra-investimentos. As do Superego também podem ser tão grandes a ponto de paralisá-lo. Há momentos em que ambas as demandas do Id e do Superego se combinam de maneira que o Ego pode interromper ou cancelar sua relação com a realidade objetiva. É isso que acontece nos sonhos quando o Ego se livra do mundo externo e "cai" na psicose sob a influência do mundo interno. É então quando devemos nos aliar a ele para auxiliá-lo. O analista e o Ego enfraquecido do doente fazem um acordo contra as exigências do Id e a consciência moral do Superego. O contrato que celebramos com o paciente inclui um compromisso do paciente, totalmente sincero, de que teremos acesso ilimitado ao material de sua autopercepção. Nós assumimos o compromisso de colocar nossa experiência na interpretação do que é determinado pelo seu inconsciente. Desta forma, seu Ego teria novamente o domínio sobre setores que ele tinha deixado de governar, pois é necessário que o paciente tenha uma relação coerente com a realidade externa, uma situação que não é esperável em casos de psicose. Por essa razão, a tarefa analítica não é possível com pacientes psicóticos. Existe a outra gama de pacientes, os neuróticos severos, para os quais a tarefa analítica é possível porque um certo contato com as exigências da realidade foi mantido. Podemos focalizar nosso interesse neles e buscar as maneiras possíveis de "curá-los".

Nós os comprometemos a observar a *regra fundamental da análise* em sua conduta para conosco. Isso implica que ele pode nos contar tudo o que vier à sua cabeça, mesmo que seja *desagradável* de se dizer, pareça pouco importante ou irrelevante. Assim, ao deixar de lado a *autocrítica*, ele nos dá acesso a *ocorrências, pensamentos e recordações* que são como *frutos* sob a influência de seu inconsciente. Portanto, quando lhe comunicamos nossas conjecturas, o conhecimento que o próprio paciente tem de si mesmo é ampliado.

O papel de seu Eu nos tratamentos não é passivo. O paciente mantém uma relação de confiança e segurança com o analista, mas o mais surpreendente é que também vê nele a reencarnação de alguém importante de sua vida passada e transfere para o analista os sentimentos que se referiam a esse arquétipo. A transferência é, portanto, uma ferramenta de enorme ajuda terapêutica, embora também contenha sérios perigos por ser *ambivalente*. Ela inclui sentimentos afetuosos e hostis para com o analista, que toma o lugar de um dos pais dos pacientes. Enquanto ela for positiva, ela oferece uma grande ajuda ao tratamento. Ainda que, quando se torna negativa, tenta agradar o analista e em certos casos espera obter amostras de seu amor.

Já que o poder do Superego vem da autoridade dos pais da infância, agora encarnado pelo analista, o tratamento tem a oportunidade de exercer uma certa pós-educação do neurótico. E por falar nisso, não podemos abusar desta possível influência, transformando o paciente em nossa imagem e semelhança. Isso seria repetir a sufocação da independência que ele sofreu quando criança. Nossa tarefa será respeitar a individualidade e a liberdade do paciente. Uma grande vantagem que a transferência tem, nos tratamentos analíticos, é que o paciente repete conosco um fragmento de sua biografia. Ele age [*agieren*]) diante de nós, ao invés de nos informar.

Aqueles que não acreditam na terapia analítica suspeitam que a melhora nos pacientes, como efeito de transferência, acaba sendo de natureza *sugestiva.* Porém, sabemos que os sentimentos de amor e ódio que aparecem nos tratamentos são produto da repetição de experiências com os pais. A tarefa do analista será mostrar ao paciente que ele é afetado por um passado remoto que é revivido. Para isso, ele não deve permitir que amor ou ódio assumam uma intensidade extrema. Uma vez que o paciente consegue se recuperar emocionalmente do ocorrido, isso torna-se uma experiência que terá uma grande força de convicção para ele.

Não é aconselhável que o paciente aja [*agieren*] fora do tratamento. Pelo contrário, é conveniente que suas reações "anormais" sejam realizadas dentro da transferência. O melhor resultado que um paciente pode obter de um tratamento é o fortalecimento de seu Ego. E a maneira de conseguir isso é promovendo um maior autoconhecimento. Portanto, a primeira parte da ajuda que podemos dar ao paciente é um trabalho intelectual, e nosso papel é impulsionar o paciente a colaborar com ele.

O material com o qual trabalhamos inclui suas comunicações, associações livres, sonhos, atos falhos e transferências. O momento de dá-lo a conhecer deve ser escolhido com muito cuidado, para que ele não ofereça nenhuma resistência. A oportunidade de fazê-lo, de uma forma construtiva para ele, pode ser quando o próprio paciente está muito próximo de acessá-lo. Neste caso, nosso conhecimento se tornou o conhecimento deles. O Ego, quando posto em contato com o recalcado, suscita contra-investimentos que clinicamente aparecem como resistências de recalque. Nesses momentos, o Ego, que normalmente é nosso aliado, se opõe à tarefa e quem se torna nossa ajuda é o inconsciente, a *pulsão emergente* [*Austrieb*], desde que consigamos que ele não dispense [*verwerfen*]) a exigência pulsional novamente.

As alternativas que se opõem ao nosso trabalho terapêutico são 1) o sentimento de culpa (vinculado à relação com o Superego) e 2) a necessidade de estar doente e 3) uma certa inércia da libido que não quer abandonar suas fixações.

PARTE II
A eficácia psicanalítica: a clínica psicanalítica em debate

Nessa segunda parte do livro estou interessado em abrir um debate sobre a eficácia clínica da psicanálise. Para isso, pareceu-me oportuno oferecer ao leitor uma série de escritos que contribuem para esse objetivo.

Não tenho dúvidas de que o conceito de *agieren* faça parte do fundamento da teoria da técnica de Freud. Por essa razão, eu queria realizar uma exploração conceitual usando os escritos alemães nos quais Freud a menciona. Minha ideia foi correlacionar a *Standard Edition*, em inglês, com a coleção *Amorrortu Editores*, em espanhol.

Depois de findar a revisão bibliográfica, descobri, insolitamente, que poderia ter corrido um deslize do termo. A coleção da *Standard Edition* traduziu esse vocábulo sistematicamente como *act out*; no sentido do *acting out*, perdendo assim o caráter de pantomima cênica, como foi a proposta freudiana original. Perguntei-me por que poderia ter acontecido esse deslocamento. Minha hipótese é que isso poderia ter acontecido porque em inglês *to act* tem pelo menos dois significados: uma encenação teatral e um ato motor.

Se minha conclusão estivesse correta e penso que sim, as consequências para a psicanálise seriam enormes. Em princípio, porque a leitura do trabalho de Freud em inglês tem sido uma referência para a formação de psicanalistas na Europa e nos Estados Unidos. E não é um fato menor que André Green, o autor mais citado na bibliografia pelos analistas da Associação Internacional de Psicanálise (IPA) depois de Freud, também use o termo como ato sem representação em seus escritos.

23. Estudo sobre o conceito de *agieren*[1]

Uma breve introdução

Este estudo tenta oferecer uma exploração conceitual de um termo que, na minha opinião, faz parte dos fundamentos da Obra freudiana, com implicações significativas para a teoria e clínica psicanalítica. Dois esclarecimentos antes da leitura

- Mesmo sob o risco de resultar tedioso para o leitor, decidi reproduzir parágrafos textuais com um certo comprimento, considerando que as ideias de um autor adquirem pleno significado no contexto em que são mencionadas.
- Além disso, pareceu-me prudente que as referências em inglês estivessem no idioma original porque quis respeitar,

1 Uma versão resumida deste trabalho foi publicada sob o mesmo título na *Revista de Psicanálise*, nº3, Volume LXVII. 2010. Buenos Aires e na Revista da Sociedade Colombiana de Psicanálise. Vol. 43. Nro. 1. junho de 2018. Bogotá. Colômbia.

o máximo possível, a literalidade da contribuição em cada caso.

Por fim, a elaboração deste estudo tenta abrigar a atual controvérsia sobre como considerar o surgimento do inconsciente na clínica psicanalítica.

Efeito de um diálogo imaginário com André Green

Reconheço que um estímulo central para a realização deste estudo foi o impacto que tive ao ler o capítulo 5 do livro *Organizações fronteiriças, fronteiras da psicanálise* organizado por Lerner e Sternbach cujo autor é o Dr. André Green (2007). Seu título "De que se trata?" corresponde à transcrição de uma conferência oferecida em Milão após o 42º Congresso da Associação Psicanalítica Internacional, realizada em Nice em 2001.

Sobre a questão com a qual ele começou seu trabalho, Green disse o seguinte:

> *Suponho que seja uma pergunta estranha para servir como título para o nosso encontro, como se estivéssemos nos reunindo novamente em 1900, um século atrás, para apresentar a recente descoberta de um estudioso vienense, Sigmund Freud (2007, p. 115).*

Mais tarde, ele esclareceu que sua abordagem era a consequência de ver o pensamento psicanalítico em um estado de perplexidade, motivo pelo qual considerou como sair dessa situação.

Depois de fazer uma exposição medular sobre os fundamentos da psicanálise na parte central de sua apresentação, foram as frases finais que me causaram maior impacto:

> *Conseguimos chegar à lua, decifrar o código genético, descobrir um canto do mistério em relação ao infinitamente grande e ao infinitamente pequeno. E, no entanto, continuamos sendo misteriosos desconhecidos para nós mesmos, aquilo diante do qual a experiência psicanalítica nos coloca o tempo todo. E enquanto refletimos, em nossa cadeira ouvindo os pacientes ou em nossa mesa de trabalho para preparar uma conferência, continuamos nos perguntando: "De que se trata?" (GREEN, 2007, p. 135, grifos do autor).*

Eu me perguntava repetidamente por que um analista da importância de André Green encerrou sua apresentação com a mesma pergunta com a qual começara. Então, não resultavam suficientes para explicar a questão colocada, os seus próprios desenvolvimentos teóricos e os que citara de outros autores psicanalíticos?[2]

De que se trata? A frase inquietante de Green, no início e no final de sua apresentação, teve em mim o efeito de um chamamento que culminou na realização deste estudo.

2 Na minha opinião, Freud nos dá uma ideia de como considerou uma resposta a esse argumento: "E assim, a análise faz com que o ego desenvolvido e fortalecido realize uma revisão desses antigos recalques (...) Estes novos diques têm uma consistência totalmente diferente dos anteriores; vale confiar em que não irão ceder tão fácil à preamar do acrescentamento das pulsões. A retificação com posterioridade [Nachträglich] do processo de recalcamento originário, a que limita o hiperpoder do fator quantitativo, seria então a operação genuína da terapia analítica" (FREUD, 1937/1991c, p. 230)

Freud e Green parecem não concordarem sobre o conceito de agieren

Interessado em sua produção, entrei em contato com obras de André Green publicadas em revistas psicanalíticas nos últimos quinze anos e com artigos publicados em livros mais antigos.

Não tenho dúvida de que compartilho com ele um entusiasmo apaixonado pelos textos freudianos:

> *Sabemos que hoje é comum ouvir que a metapsicologia freudiana serve apenas para jogar ao cesto e que apenas sua clínica é válida. No entanto, acontece-me que, pela trigésima vez, relendo alguns trabalhos de Freud, tenho a impressão de ainda aprender alguma coisa; enquanto, mesmo dez anos depois de publicados, artigos de nossas melhores revistas psicanalíticas se tornam ilegíveis e antiquados (GREEN, 1993, p. 713).*

Nesse mesmo artigo, no qual ele comenta a apresentação de Theodore Jacobs publicada no International Journal of Psyanalysis de 1991: *Fifteen Clinical Accounts of Psychoanalysis* (72, Parte 2), faz uma afirmação que estou interessado em mencionar literalmente:

> *A maneira como meu paciente influencia meu psiquismo é da ordem das representações de todo ordem que ela induza em mim. A maneira como minhas interpretações o afetam reside nas representações que nele geram. O ato não ocorre na sessão analítica, nem do lado do analisando, nem do lado do analista. Portanto, os modelos baseados na referência à ação ("inter-ação", "trans-ação")*

> *representam menos um progresso do que um desvio perigoso (GREEN, 1993, p. 714, grifos do autor).*

O tema do ato, pelo que pude localizar em sua bibliografia, já era do interesse de Green com antecedência. No artigo *Pensar a epistemologia da prática*, apresentado no Congresso de Psicanálise de Língua Francesa dos Países das Línguas Românicas, em 1990, ele afirmou no final: "Essa é a única demanda do analista diante dos pacientes: Diga tudo o que lhe vier à cabeça sem reter nada e sem tentar controlá-lo. Mas esteja contente em dizê-lo, sem agir. É chamada apropriadamente: regra fundamental" (GREEN, 1996. p. 378-379, grifos do autor).

Nesse ponto de minha exploração, eu estava suficientemente convicto de que o ponto sobre o qual as propostas e os comentários de André Green giravam estava ligado ao conceito de *agieren*.

No entanto, Green vai expressar sua concepção do termo com total clareza na entrevista que Fernando Urribarri lhe realizou sobre o tema *A representação e o irrepresentável* (1998-1999):

> *Do que se trata neste momento é de um novo modelo definido pela problemática "Pulsão / descarga ou elaboração representativa". A representação é apenas um resultado possível, cujas possibilidades não garantem nada. É que este modelo tenta explicar o fracasso da palavra, da representação, da interpretação diante da pulsão repetitiva mortífera, <agieren> (ato).* **O irrepresentável constitui uma referência essencial desse modelo, em que o ato (*agieren*) substitui o paradigma que o sonho possuía no modelo anterior.** *(...) Então Freud começará a pensar em neurose em relação à psicose:*

> *não se trata mais apenas de repressão, mas de destruição do pensamento (Negrito original, grifos do autor).*

Nesse ponto do estudo, pensei ter vislumbrado que Freud e Green não concordavam sobre o conceito de *agieren*.

Essa impressão tomou forma com maior intensidade com a leitura de dois parágrafos de uma de suas apresentações recentes.

Trata-se da *Repetition, compulsion and the pleasure principle* (GREEN, 2007). O primeiro deles aparece no início de sua exposição:

> *One of the aspects of this mutant paper is that it forces Freud to give up his excessive confidence in remembering. We understand today that complete remembering is in fact impossible. No patient can truly remember all the incidences and consequences of an event (p. 1, grifos do autor).*[3]

Lembrar de todos os incidentes e consequências de um evento, como o comentário de Green menciona, não coincide, na minha opinião, com a ideia que Freud tentou colocar e transmitir.

Nesse sentido, vou transcrever dois parágrafos em particular:

a) "Acrescenta-se a isso o apagamento universal das impressões, essa palidez das lembranças que chamamos de 'esquecimento' e que, acima de tudo, desgasta representações que já são afetivamente ineficazes" (FREUD, 1893/1992f, p. 35)

b) "Parece como se a dificuldade para a tramitação, a impossibilidade de transformar uma impressão atual em uma lembrança sem potência, dependesse precisamente do caráter do inconsciente psíquico" (FREUD, 1896/1991g, p. 216).

---

3 Inserir tradução da passagem.

As lembranças conscientes ficam "sem potência", o que significa que elas perdem eficácia e se desgastam com o tempo. Em vez disso, são as lembranças reprimidas as que mantêm a eficácia psíquica, daí a noção de atemporalidade do inconsciente. Elas externalizam seu efeito em uma ocasião atual no estado inconsciente, porque nunca foram literalmente esquecidas. No entanto, é o segundo parágrafo do trabalho de Green que me parece o mais significativo para comentar:

> *The patient, who has been informed about the fundamental rule, in spite of eventful history and a long story of illness pretends that he has nothing to say: He is silent and declares that nothing occurs to him. <u>I do not believe as Freud does that this can be taken as a mere repetition of a homosexual attitude towards the analyst, which is used as a resistence</u>. <u>I am struck by the fact that what Freud describes here has also been found by the Paris Psychosomatic School with psychosomatic patients who suffer from limitations in their mental funtioning. It seems that we are facing the same situation: a temporary defect of psychic functioning (grifos do autor)</u>.*[4]

De fato, Freud neste artigo comenta as diferentes configurações clínicas sob as quais aparecem certos episódios significativos que os pacientes não lembram e, em vez disso, reproduzem com o médico:

---

4 "Não acredito, como Freud, que isso possa ser considerado como uma simples repetição de uma atitude homossexual dirigida para o analista, que é usada como uma resistência. Fico impressionado pelo fato de que o que Freud descreve aqui também foi achado pela Escola Psicossomática de Paris, com pacientes psicossomáticos que sofrem de limitações em seu funcionamento mental. Parece que estamos diante da mesma situação: um defeito temporário do funcionamento psíquico".

1. Os pacientes não se lembram de serem incrédulos ou desafiadores diante da autoridade dos pais, mas se comportam dessa maneira em relação ao analista.
2. Eles não se lembram de terem ficado desconcertados diante da investigação sexual infantil, mas trazem sonhos confusos.
3. Eles não se lembram de se sentirem envergonhados por uma certa exploração sexual da infância e, em vez disso, têm vergonha de ter iniciado o tratamento, e preferem manter escondido o que estão fazendo.

A partir do qual o texto diz o seguinte:

> *Em particular, ele inicia a cura com uma repetição assim. Muitas vezes, depois de comunicar a um certo paciente com uma biografia variada e uma longa história clínica a regra fundamental da psicanálise, e depois exortá-lo a dizer tudo o que lhe ocorra, espera-se que suas comunicações fluam em torrente, mas ele experimenta, a princípio, que não sabe dizer nada. Ele fica calado e afirma que nada lhe ocorre.*
>
> *Porém, esta é a repetição de uma atitude homossexual que se destaca como resistência a lembrar. E durante o período em que permaneça em tratamento, o paciente não se libertará dessa compulsão à repetição; finalmente entende-se que este é o seu modo de lembrar" (Freud, 1914/1992s; p. 152, grifos do autor).*

Green, aparentemente, não acredita que esse tipo de repetição deva ser entendido, como propõe Freud, como uma simples atitude homossexual em relação ao analista, ao serviço de uma resistência. Em vez disso, ele a coloca como uma falha no pensamento; daí a relação que estabelece com as descobertas da Escola Psicossomática de Paris: um defeito temporário no funcionamento psíquico; um branco na mente.

Vale a pena perguntar por que a cena configurada é considerada por Freud uma *repetição em ato* por parte do paciente, portanto "seu modo de lembrar".

Meu modo de entender seu pensamento e, portanto, a noção de *agieren* é a seguinte: a cena em questão é configurada quando o analista informa ao paciente da regra fundamental, que ele parece ouvir como: "abra-se e entregue tudo". O paciente se "fecha" ao responder com uma defesa anal diante do senso inconsciente de entrega homossexual ao pai edipiano; consequentemente "nada lhe ocorre". De fato, se o analista abordasse o silêncio fazendo perguntas, estimulado pelo "fechamento" mental, o "penetraria" ativamente em cada uma delas. Dessa maneira, a cena homossexual ficaria realizada, temida e talvez inconscientemente desejada pelo paciente.

Sustento a explicação que acabamos de apresentar, considerando que o referencial teórico a partir do qual Freud faz a afirmação apontada corresponde ao lado negativo do complexo de Édipo do homem do exemplo; complexo que tinha para ele caráter universal.

Esse é, na minha opinião, o núcleo conceitual que Freud tenta nos transmitir com a noção de *agieren*, um termo que em espanhol definimos como *encenação do inconsciente*. Assim, uma controvérsia, ainda não totalmente resolvida, sobre o significado e o valor de *agieren* para a teoria e a clínica psicanalíticas permaneceria aberta.

Por um lado, o agido seriam lembranças representadas. Não lembradas, nem espontaneamente lembráveis pelo paciente por estarem em estado inconsciente. Seriam caracterizadas *pela ação*, principalmente em relação ao analista. O *agieren* em sessão pode, portanto, ser considerado um efeito do dispositivo analítico.

Por outro lado, se refere ao irrepresentável. Patrimônio da pulsão de morte que explicaria o fracasso da representação e da palavra.

Seria então apropriado considerar o *agieren* como um sinal do funcionamento psíquico defeituoso porque "não é mais simplesmente uma questão de repressão, mas de destruição do pensamento" (GREEN).

Estudo sobre o conceito de agieren[5]

Fui professor de técnica psicanalítica freudiana por muitos anos e transmiti a noção de *agieren*, como afirmei nos parágrafos anteriores. Isso me condicionou a me tornar distante e até certo ponto contraditório, considerá-lo um ato motor subsidiário do não representado.

Diante dessa versão dupla do termo, decidi localizar os textos nos quais Freud usa o termo *agieren* no idioma original, para compará-los posteriormente com a tradução da *Standard Edition* (SE) e a coleção de *Amorrortu Editores* (AE). Guiava-me um certo desconforto intuitivo que, como estímulo, me ajudou a iniciar a pesquisa bibliográfica.

5 Desejo expressar meu agradecimento a todos os que me ajudaram na elaboração deste Estudo. Aos meus colegas, os Drs. Simón Deligdisch (APdeBA) e Juan Carlos Weissmann (APA), de quem obtive a tradução das referências da G.W. e ao bibliotecário da Associação Psicanalítica Argentina, Diego Baracat.

Assim, pude entrar em contato com o termo *agieren*, que aparece na página 13 da *Gesamtregister*[6] correspondente ao volume XVIII da *Gesammelte Werke*, cujas referências são as seguintes:[7]

Agieren (s.a. Affektausdruck; Mimik, Pantomimik)	=	Agir: (ver também Expressão afetiva, Mímica, Pantomima).
statt Erinnern: (s.a. Wiederholungszwang), V 283; X 129; XVII 101, 103	=	em lugar de Recordar (ver também Compulsão à Repetição).
Kampf in der Analyse: (i.d. Übertragung), gegen d., VIII 374; XIII 19f., XIV 258	=	Luta na Análise (i.d. Transferencia), contra a.
in der Mordtat an Moses, XVI 195	=	no Assassínio de Moisés.

Algumas conclusões depois da revisão bibliográfica

a. Freud identifica a pantomima, implícita no *agieren*, como um modo primitivo de representação teatral ligada à mímica da representação. Ao mesmo tempo, considera esta última como uma maneira de expressar o conteúdo da representação para os propósitos da comunicação, o que se acrescenta ao efeito que os processos psíquicos têm secundariamente sobre o corporal.

b. O conteúdo do que é repetido compulsivamente seriam lembranças que não podem ser lembradas por estarem em estado

6 Contém o Índice alfabético de matérias, como ocorre com o volume 24 da SE e de AE.

7 As correlações com os textos da SE e AE figuram como Apêndice para evitar ao leitor a aridez que implica toda revisão bibliográfica e permitir a leitura fluida do corpo central do trabalho.

inconsciente. É por isso que eles mantêm sua eficácia, permitindo assim a noção de atemporalidade do inconsciente

c. Haveria uma relação solidária entre o trabalho analítico sobre a repressão e o surgimento das compulsões repetitivas concebida como *encenação do inconsciente.*

d. O que será encenado (*agieren*) frente a nós e conosco envolverá a externalização forçada do recalcado ("a manifestação do poder do recalcado" na versão da SE).

A compulsão à repetição é uma parte essencial do processo analítico e trabalhamos para enfrentá-la!

Duas hipóteses sobre o porquê da existência de mais de uma versão sobre o conceito de agieren

Hipótese 1: Trata-se de um deslocamento de sentido, consequência da tradução da Obra Freudiana para o inglês? Não há dúvida de que o modo em que André Green entende o *Agieren* corresponde a uma postulação básica da psicanálise. A partir do Projeto para uma psicologia científica (FREUD, 1950[1895]/1992q), o psíquico aparece no pensamento de Freud mediando entre a recepção de um estímulo, externo ou interno e a descarga motora. Então, não é de surpreender que Green vincule o *agieren* à "psique primitiva" (GREEN, 1998-1999); daí o "branco mental" ou "a destruição do pensamento". Por sua vez, a produção teórica e psicopatológica que possui como centro o *acting out* também se sustenta nesta perspectiva.

Agora, quero salientar que o agir (*agieren*), devido às correlações feitas entre as coleções *Amorrortu Editores* e *Standard Edition*, é sistematicamente mencionada em inglês *act out* (outras vezes inclusive *acted out* ou *acting out*). Não é improvável que tenha ocorrido um deslocamento conceitual, dado que o significado de *act out* em inglês, como encenação (pantomima), poderia ter sido substituído pelo de *acting out*, ato motor impulsivo.

Guiado por essa suposição, consultei dois dicionários:

a) The Oxford Sapanish Dictionary

> **act out**. *Representar. She ≈ ed out what she had seen. Fez uma demonstração do que tinha visto. The drama was ≈ ed before our eyes. A tragédia aconteceu or desenvolveu-se diante de nosso olhar.*

b) The Free Dictionary, by Farlex. (Dicionário on-line)

> **To act out**
>
> **1. a.** *To perform in or as if in a play; represent dramatically: act out a story.*
>
> **b.** *To realize in action: wanted to act out his theory.*
>
> **2.** *To express (unconscious impulses, for example) in an overt manner without conscious understanding or regard for social appropriateness. (cit.)*

No primeiro deles, *act out* envolve encenar dramaticamente ou realizar uma história em ação. De acordo com o ponto 2 do Dicionário on-line, *act out* supõe a expressão de um impulso inconsciente, de maneira exagerada, sem entendimento consciente ou cuidado com a relevância social de tal ação.

Como parece então, em relação à controvérsia conceitual que mencionei anteriormente, ambos os sentidos seriam abordados no *act out*.

No entanto, tenho a impressão de que a proposta de Freud por meio de *agieren* tendia a enfatizar o primeiro dos sentidos: *o paciente representa dramaticamente em sessão com o analista uma cena inconsciente; essa é sua maneira de lembrar.*

Hipótese 2: Teremos feito um repúdio do sujeito existente nas descobertas iniciais?

As primeiras descobertas etiopatogênicas, que deslumbraram Freud e que mais tarde ele tentou resolver por meio da técnica analítica, remontam ao que acontecia aos pacientes tratados por hipnose. Em transe hipnótico, levados pelo hipnotizador a se lembrarem do momento em que a situação traumática ocorreu, os pacientes reagiam emocionalmente de maneira bombástica, expressando aquilo que não tinham conseguido fazer naquele momento.

Os pacientes faziam uma descarga catártica, como se estivessem na cena original, a partir da qual alcançavam uma resolução sintomática transitória.

Embora Freud tenha explicado a produção sintomática a partir de uma perspectiva econômica (afeto retido, que não podia ser *ab-reagido* no momento apropriado), também era verdade que se tratava do surgimento de um sujeito que tinha permanecido, sob *spaltung*, em estado inconsciente: humilhado, com desejos de vingança, erotizado, ciumento etc.

O agieren, como encenação do inconsciente, retorna por meio do enacment?

Ao ler as publicações dos dois últimos congressos da IPA, evoquei a frase de André Green: é provável que estejamos novamente em 1900, considerando a recente descoberta de um estudioso vienense,

Sigmund Freud. A Revista de Psicanálise da Associação Psicanalítica de Madri, número 50 de 2007, foi dedicada ao *Agieren* e incluiu os trabalhos pré-publicados do 45º Congresso da IPA sobre o texto freudiano *Recordar, repetir e elaborar*. Em sua apresentação, Gabriel Sapisochin se dedica à investigação:

> *da encenação (Agieren) do posicionamento contratransferencial inconsciente no analista. Seria o ponto de partida de um trabalho de elaboração a posteriori (Nachträglich) que permite ao analista recuperar uma terceira posição a partir da qual descrever, com um pensamento verbal, as diferentes posições identificadoras da dupla no cenário analítico (2007).*

Mais tarde, coincidindo com a minha exploração, ele menciona:

> *Penso que a opção de traduzir o Agieren freudiano por encenação, ao invés de acting-out, tem certas vantagens. Por um lado, para retirar a supersaturação do significado patologizante que adquiriu na literatura psicanalítica, fazendo uso extensivo do termo acting-out para descrever comportamentos psicopáticos impulsivos fora do setting analítico, orientadas mais à evacuação do que à elaboração (Sapisochin, 2007).*

Por outro lado, porque *Agieren* não se refere ao desempenho motor, nem dentro nem fora da sessão analítica, mas sim a um movimento da psique tendendo a representar, não pela palavra, mas pelo que chamo de *representação cênica coproduzida pela dupla analítica*.

Também Carlos Alberto Paz, em *Do Agieren ao Enactment, um século de mudanças e avanços* na mesma Revista, se refere ao tema:

> *Embora existam autores que sustentam que o "Agieren" é produzido por uma gênese estrutural específica, dentre eles mencionaremos O. Fenichel, Ph. Greenacre, H. Rosenfeld, L. Grinberg, D. Liberman e E. Gaddini, entre outros. Acredito que a possibilidade de preservar como adequado o essencial da conceitualização freudiana do "Agieren", dedicando-nos a uma melhor compreensão dessas ações e à elaboração ou compreensão psicanalítica da ação e do agir, inerentes e componentes da evolução de cada paciente analisado (PAZ, 2007).*

Por sua vez, do recente 46º Congresso IPA de Chicago 2009, quero mencionar dois artigos, publicados na Revista de Psicanálise de março de 2009. Por um lado, o trabalho livre de Claudia Lucía Borensztejn (2009) *O enactment como conceito clínico convergente de teorias divergentes*. A autora, ao descrever o termo, menciona o seguinte:

> *O conceito de enactment expressa a ideia de uma maneira de agir dentro da situação analítica. O paciente encena suas relações primitivas com objetos internos, transferindo-as para o analista, que as percebe pela pressão exercida sobre sua contratransferência, envolvendo-se em uma forma sutil de ação. Aceita o papel ou rejeita-o, resultando em um tipo de vínculo que é um enactment conjunto da relação entre ambos (p. 180).*

Adiante acrescenta:

> *No enactment há dois tempos, no primeiro ocorre o enactment interpretativo e, no segundo, a interpretação do enactment, que é uma correção ou acabamento da interpretação na qual o analista esteve envolvido. Não há conotação negativa. O enactment é algo para se pensar (p. 181).*

Por outro lado, no painel *Perspectivas comparativas sobre o inconsciente no trabalho clínico*, Fred Busch (2009) menciona o seguinte em sua apresentação:

> *Neste artigo examinarei a proposição de que, quanto mais nos aproximamos do conflito inconsciente, maior resulta a probabilidade de que este se expresse por meio de uma forma específica de ação chamada de linguagem-ação (p. 42).*

Algumas páginas depois, ao explicar o desenvolvimento da linguagem-ação, ele nos diz:

> *A principal distinção entre diferentes estágios do desenvolvimento motor é o grau em que as ações são internalizadas e em que esse comportamento é baseado em representações, em lugar de ter um suporte motor.*
>
> *É importante observar que o processo de internalização é muito longo. Até a criança completar 7 anos, não se pode dizer que ela possui um sistema cognitivo integrado para organizar o mundo de maneira relativamente independente dos referentes da ação. Antes disso, o pensamento da criança é fortemente influenciado pelo seu sustento motor" (p. 45).*

Finalmente, no que diz respeito às implicações para o tratamento, dirá que:

> *O objetivo do nosso tratamento é tentar modificar o caráter inevitável da ação, transformando-a na possibilidade de refletir através da representação do que antes era irrepresentável e, portanto, ficava expressado na linguagem-ação. Essa é a base da capacidade de insight" (p. 49).*

Como podemos ver neste último parágrafo, o Dr. Busch entende a aparição de atos por parte dos pacientes em sessão como linguagem-ação. A explicação que propõe, refere ao desenvolvimento do pensamento conceitual na criança, que substituiria o ato motor. A linguagem-ação seria a herança do irrepresentável, no mesmo sentido que André Green pensa, na perspectiva do psiquismo primitivo. Por sua vez, como emerge dos textos mencionados, os analistas que usam a noção de *enactment* enfatizam a pressão exercida na contratransferência do analista.

Eles consideram que é uma encenação de relações objetais internas primitivas do paciente, que são sutilmente transmitidas na transferência e, consequentemente, induzem o analista a agir.

Uma perspectiva do agieren na clínica atual

José Luis García Martinez[8] estava em tratamento há cinco meses, foi encaminhado pelo analista da sua atual parceira. Durante o diálogo de indicação, meu colega me disse que o paciente, de 40 anos,

---

8 Os dados do paciente foram suficientemente alterados para preservar o anonimato da sua identidade.

tinha dificuldades em ter relações sexuais. Ele sofria de disfunção erétil, o que dificultava a penetração. No dia de sua primeira entrevista, o paciente me ligou de seu telefone celular alguns minutos antes do horário combinado. Ele disse que estava em um engarrafamento e que achava que chegaria um pouco mais tarde da hora combinada. Ao recebê-lo, quando ele entrou no meu consultório, tropeçou no capacho da porta de entrada e cambaleou.

Já na entrevista, ele me disse que queria se analisar para resolver suas dificuldades sexuais, pois eram um obstáculo sério que obstruía o relacionamento dele com Laura.

Após a segunda entrevista, combinamos um tratamento de duas sessões semanais, com divã. Lembro que desde o primeiro contato com José Luis me pareceu significativo que ele permanecesse virgem até aquele momento de sua vida. Uma vez iniciado o tratamento, ele se anunciou sistematicamente pelo interfone elétrico com seus dois sobrenomes, nunca pelo nome, situação que desde o início me ressoava como "Sou (filho de) meu pai e (de) minha mãe".

No decorrer das primeiras sessões, soube que previamente manteve um único relacionamento com Barbara, durante 10 anos, sem ter tido relações sexuais. Ela, depois de se separar de José Luis, assumiu-se como lésbica e estabeleceu publicamente um casal homossexual.

O paciente a partir dos 9 anos de idade iniciou sua educação em uma escola religiosa católica, onde também concluiu seus estudos secundários. Sem solução de continuidade, ele permaneceu ligado à igreja à qual pertencia a escola e, nos últimos anos, tinha sido habilitado para oficiar como ministro eucarístico[9]. Ele percebeu que

9 Função que exercem membros laicos, habilitados para oferecer a hóstia aos fiéis que comungam durante a missa.

já estava nesse caminho há mais de 30 anos, percurso que havia começado quando criança.

Embora José Luis tivesse concluído um curso universitário, ele não exercia como profissional independente. Aos 17 anos, iniciou uma atividade profissional, em uma relação de dependência, no circuito bancário oficial que mantinha até hoje.

Devido ao seu trabalho e seus antecedentes religiosos, o paciente considerou que tendia a permanecer permanentemente nos locais aos quais acessava. Essa característica o levou a tomar algumas precauções ao iniciar o tratamento analítico por medo de eternizar no relacionamento comigo; situação que de alguma forma condicionou a decisão do paciente de realizar apenas duas sessões semanais de análise.

Um breve resumo de uma sessão:

P: Nós estivemos na casa de Lauri no sábado. Ela em certo momento me mostrou um guarda-roupa que estava vazio e me disse que era para que eu pusesse minhas coisas, para quando começássemos a viver juntos. Não que ela me fizesse um espaço com roupas que já estavam penduradas, aquele espaço era todo para mim.

A: Parece que você sentiu que Laura estava fazendo um lugar para si dentro dela, do ponto de vista psicológico e emocional.

P: Bem, é a primeira vez que sinto que terei um lugar para mim. Porque eu sempre tive um espaço pequeno em um lugar que era de outro. Não era meu, era o lugar de outro. Falo da minha casa, e digo a minha casa; mas mesmo que eu e minha irmã a tenhamos comprado, é a casa da minha mãe. Por exemplo, muitas vezes eu quis comprar um ar condicionado, mas minha mãe sempre me dizia para não o comprar porque ela não iria usá-lo. E eu nunca o comprei.

A: Pelo que você disse, era um pequeno local no espaço de sua mãe. Um espaço que era dela. Talvez essa seja a diferença com o que mencionou antes, sobre o guarda-roupa de Laura. Embora também fosse um espaço dela, porque era seu guarda-roupa, fez com que você sentisse aquele espaço era para suas coisas. Talvez essa seja a diferença com o que disse sobre sua mãe e o ar-condicionado.

[A partir desse momento a sessão mudou. O paciente começou a relatar episódios relacionados com o que estávamos analisando, de tal forma que me colocou em situação de escuta. Ele contava e eu apenas tinha que ouvi-lo. Era um modo de interação que me fazia sentir claramente imóvel e passivo. Minha sensação era, pelo tipo de relato do paciente, que se tinha dramatizado uma cena na qual eu ocupava um lugar pequeno, sem mobilidade, no espaço que ele me deixava].

A: O amplo espaço do armário ou o pequeno local dentro do espaço de outro estava sendo dramatizado neste momento da sessão, com sua maneira de falar. Estava contando um episódio e me colocou como ouvinte.

[José Luis me pediu para esclarecer minha interpretação, porque ele não a tinha entendido].

A: Pelo seu jeito de falar, eu era José Luis e você era sua mãe que me deixava um pequeno lugar no espaço que seu relato ocupava.

[O paciente ouviu atentamente e tive a impressão de que desta vez ele tinha entendido a interpretação, talvez porque consegui formulá-la com mais clareza: ele podia estar identificado com uma característica da mãe sobre a qual estávamos conversando naquele momento da sessão.

P: Com Laura, fomos a uma reunião realizada na casa de um colega dela, que era gay. Lá estavam outros amigos do proprietário, também gays, e apenas uma única amiga mulher. Depois veio um outro amigo convidado, que não parecia gay, mas tive a impressão de que ele parecia um padre. Quando saímos da festa, Laura me disse que esse convidado era um padre e que ele iria deixar o hábito porque estava em um relacionamento com a moça da reunião. Enquanto eu sorria, Laura me perguntou por que eu estava sorrindo e então lhe disse que me lembrava que, no início do tratamento, você interpretou em várias ocasiões que estava me mostrando como se fosse um padre.

A: Sim, por causa do seu relato, um padre laico que está abandonando o hábito para entrar em um relacionamento.

Agieren e elaboração psicanalítica: o realizar em ato com outro

O sentido de relacionar essa vinheta é transmitir uma certa perspectiva sobre como considerar a emergência do material analítico em sessão e, consequentemente, o que envolve a ideia de realizar em ato com outro.

Em princípio, tanto a referência do paciente ao engarrafamento quanto o tropeço com o capacho da primeira entrevista foram elementos que eu considerei como um cenário de suas dificuldades na "penetração". Nesse caso, tratava-se de entrar em um tratamento.

Os comentários sobre ficar incluído durante anos nos lugares aos quais acessava permitiram inferir ansiedades claustrofóbicas implícitas em suas dificuldades. Pouco tempo depois, pude reinserir esses dois episódios na sua análise, bem como o medo de confinamento, e vinculá-los aos sintomas. Era também uma maneira de compartilhar com o paciente minha maneira de "ler" o material que ele apresentava. Por isso, tentei transmitir-lhe que, quando seu processo analítico for iniciado, um fio temático se desenrolará, o que corresponderá ao desdobramento inconsciente de sua condição de *sujeito em devir* (KRAKOV, 2007).

Na sequência que mencionei anteriormente à vinheta, tinham surgido: o relacionamento de 10 anos com Barbara, sem ter tido relações sexuais. Depois, ela estabeleceu, após a separação, um relacionamento homossexual. Posteriormente, os antecedentes de sua educação religiosa, o vínculo com a igreja da mesma Ordem, seu status de ministro da eucaristia e, finalmente, o assunto trabalhista.

Alguns desses elementos aparecem na vinheta da sessão que expus: os amigos gays do dono da casa e o padre que abandonara o hábito para estabelecer um relacionamento com uma mulher. Como sabemos, os cenários mudam, mas certos eixos temáticos insistem. Atualmente, considero que a elaboração psicanalítica, em sua dimensão clínica, envolve a localização e o acolhimento desses eixos, pois são responsáveis por uma anedota inconsciente em desenvolvimento.

Os pacientes, a partir desses temas e sob os cuidados da regra fundamental da livre associação, irão gerando cenas diferentes. Essas cenas têm um enredo e personagens, que girarão no estilo de um "carrossel". Na transferência nos posicionaremos, conforme a lógica do paciente, nos diferentes locais propostos pelo argumento e a rotação que resultar. Às vezes, interpretaremos personagens significativas, outras o próprio paciente.

O que foi que José Luis realizou em ato?

O momento chave, para localizar pontualmente o *agieren* como realização em ato, corresponde à mudança de clima na sessão. Nesse momento, ele era a mãe do relato, imobilizadora e apassivadora, deixando-me o lugar do filho que deve sofrer o efeito de suas ações. Pode-se dizer que, ao contrário do que aconteceu em *A Rosa Púrpura do Cairo*[10], fui chamado para "subir ao palco" e de lá ver o que estava fazendo "como filho" com "aquela mãe".

Considero, do ponto de vista teórico, que me refiro em particular a um setor da bagagem identificatória do meu paciente.

O mesmo, partindo de uma perspectiva subjetiva, implica a emergência de uma certa *posição sujeito* que era posta em ação comigo na sessão. Minha hipótese é que somos convocados como outros especialistas em saber como lidar com essas personagens.

Visto dessa perspectiva, o enfraquecimento das lembranças inconscientes, a qual alude uma das frases freudianas transcritas, seria uma consequência dos processos de desidentificação inerentes a uma análise e também suporia, em uma dimensão subjetiva, o que chamei de *movimento subjetivo* (KRAKOV, op. cit.).

A posição do sujeito, que se refere a lugares nas redes de relacionamento com outros significativos, é inevitavelmente encenada. Somente após o "agido" (encenado - *acted out*), por *aprés coup*, será possível pensar e falar sobre essa ação; não antes. Certamente esse período de recuperação em uma análise desse "depois" é o que chamamos de elaboração psíquica.

A modo de síntese final

Minha conclusão é que Freud, com o conceito de *agieren*, queria apontar uma dimensão cênica por meio do qual os pacientes se

10 É o título do filme dirigido por Woody Allen, protagonizado por Mia Farrow e Jeff Daniels. Ela é uma garçonete que mora em um subúrbio de New Jersey, com um marido rude e preguiçoso. Seu único momento de felicidade acontece quando vai no cinema e curte os filmes, seus atores e atrizes favoritos. Ela assiste *A rosa púrpura do Cairo* uma e outra vez, até que o ator principal sai da tela para se encontrar com ela.

expressam dramaticamente na sessão. É assim que o inconsciente fica transferencialmente em ato.

Partindo de uma a perspectiva vincular, da qual sou usuário, quem inevitavelmente age é um sujeito inconsciente que conceituo como *sujeito do vínculo*.

Sabemos que esse é o modo particular de lembrar que os pacientes têm (FREUD, 1914/1992s). Do ponto de vista subjetivo que incluo, lembrar implicará dar conta das ancoragens subjetivas pelas quais os pacientes estão ligados a determinados outros.

Pensado desse modo, pode-se considerar que o paciente que exige uma análise estaria nos convocando como um outro especializado ao serviço de poder realizar a mudança subjetiva desejada (KRAKOV, 2010).

Apêndice

Incluo, a seguir, a comparação feita entre as coleções *Amorrortu Editores* e a *Standard Edition* das referências retiradas das obras completas sobre o conceito de *agieren*.

Expressão afetiva. Mímica. Pantomima

O chiste e sua relação com o inconsciente (FREUD, 1905/1991e):

> *(...) Escolhemos a comédia dos movimentos, lembrando que a representação teatral mais primitiva, a pantomima, utiliza esse recurso para nos fazer rir. À pergunta sobre por que rimos dos movimentos do palhaço, pode-se*

> *responder: porque parecem excessivos e não conforme com um propósito (p. 181).*
>
> *A observação mostra diretamente que os seres humanos estão acostumados a expressar o grande e o pequeno de seus conteúdos de representação, devido à diversidade de gasto em uma espécie de mímica de representação (p.183) .*
>
> *(...) Defendo assim o ponto de vista de que, à "expressão das emoções", conhecida como efeito secundário corporal dos processos psíquicos, deve-se acrescentar esta "expressão do conteúdo da representação" (...). (p. 184).*

Em lugar de Recordar (ver também Compulsão à Repetição) V 283; X 129; XVII 101, 103

A primeira referência corresponde ao *Fragmento de análise de um caso de histeria* (FREUD, 1905[1901]/1992j):

> *Mais tarde, quando veio o primeiro sonho, no qual ela se alertava para deixar a cura como tinha feito na época com a casa do Sr. K, eu deveria ter tomado precauções, dizendo a ela: "Agora você fez uma transferência do Sr. K. Para mim..." (...) Mas eu omiti esse primeiro aviso; (...) Assim, fiquei surpreso com a transferência e, por causa daquele x pelo qual eu a lembrei do Sr. K., ela se vingou de mim como se tinha vingado dele e me abandonou, tal como achava que tinha sido enganada e abandonada por ele. Desse modo, ela agiu (agieren) um*

> *fragmento essencial de suas lembranças e fantasias, em vez de reproduzi-lo na cura (p. 103-104).*

Versão *Standard Edition* (FREUD, 1905[1901]):

> *Thus, she acted out an essential part of her recollection and phantasies instead of reproducing it in the treatment (p. 119).*

A segunda referência corresponde a *Recordar, repetir e elaborar* (FREUD, 1914/1992s):

> *Se ficarmos restringidos ao sinal distintivo dessa técnica em relação ao tipo anterior, podemos dizer que o analisando geralmente não se lembra, em geral, de nada do esquecido e recalcado, mas, ao contrário, age. Não o reproduz como lembrança, mas como ação; repete, sem saber, é claro, que o faz (p. 151-152).*

Versão *Standard Edition* (FREUD, 1914):

> *(...) we may say that the patient that not remember anything of what he had forgotten and repressed but acts it out. He reproduces it no as a memory but as an action; he repeats it. Without, of course, knowing that he is repeating it (p. 150).*

As últimas correspondem ao *Esquema da Psicanálise* (1940[1938]/1991f):

> *Outra vantagem da transferência é que nela o paciente dramatiza diante de nós, com clareza plástica, um*

> *fragmento importante de sua biografia, sobre o qual é provável que, em outro caso, ele tenha dado notícias insuficientes. Por assim dizer, eles agem (agieren) diante de nós, em vez de nos informar (p. 176).*
>
> *É indesejável para nós que o paciente, fora da transferência, aja em vez de se lembrar; o comportamento ideal para nossos propósitos seria que, fora do tratamento, ele se comportasse da maneira mais normal possível e externalizasse suas reações anormais na transferência (op. cit. p. 177-178).*

Versão *Standard Edition* (FREUD, 1940[1938]):

> *Another advantage of transference, too, is that in it the patient produces before us with plastic clarity an important part of his life-story, of which he would otherwise have probably given us only an insufficient account. He acts it before us, as it were, instead of reporting it to us (p. 175-176).*
>
> *We think it most undesirable if the patient acts outside the transference instead of remembering (p. 177).*

Luta na Análise (i.d. Transferência), contra a. VIII 374; XIII 19f., XIV 258

A primeira das referências corresponde a *Dinâmica da transferência* (1912/1992d):

> *As moções inconscientes não querem ser lembradas, como deseja a cura, mas aspiram se reproduzir de acordo*

> *com a atemporalidade e a capacidade de alucinação do inconsciente. Como no sono, o paciente atribui condição presente e realidade objetiva aos resultados do despertar de suas moções inconscientes; quer agir (agieren) suas paixões sem atender à situação objetiva (real) (p. 105).*

Versão *Standard Edition* (FREUD, 1912):

> *The unconscious impulses do not want to be remembered in the way the treatment desires them to be, but endeavour to reproduce themselves in accordance with the timelessness of unconscious <u>and its capacity of hallucination</u>. Just as happens in dreams, the patient regards the products of awakening of his unconscious impulses as contemporaneous and real; he seeks to put his passions into action without taking any account of the real situation (p. 108, grifos do autor).*

A segunda referência corresponde ao texto *Além do princípio de prazer* (FREUD, 1920/1992l):

> *Depois de substituir uma terminologia meramente descritiva por uma sistemática ou dinâmica, podemos dizer que a resistência do analisando parte do deu ego; feito isso, percebemos imediatamente que devemos atribuir a compulsão à repetição ao inconsciente recalcado. É provável que não possa ser externalizado antes que o trabalho que solicita a cura afrouxe a repressão (p. 19-20).*

Versão *Standard Edition* (FREUD, 1920):

> *It seems probable that the compulsion can only express itself after a work of treatment has gone half-way to meet it and has loosened the repression (p. 20, grifos do autor).*

A contribuição da versão em inglês não deixa de ser significativa e explicativa:

A compulsão à repetição pode ser expressa depois que o trabalho do tratamento tenha percorrido a metade do caminho para encontrá-la e tenha diminuído a repressão.

Assim, Freud nos diz que, quando trabalhamos com um paciente, encontramos a compulsão à repetição que encontramos no meio do caminho da diminuição da repressão.

> *But how is the compulsion to repeat the manifestation of the power of the repressed related to the pleasure principle? (p. 20).*

Que definição oferece o próprio Freud sobre a compulsão a repetir, algumas linhas abaixo:

> *Então, que relação tem a compulsão à repetição, a externalização forçada do reprimido, com princípio de prazer? (op. cit., p. 20)*

Finalmente, a última referência surge do texto *os Leigos podem exercer análise? Diálogos com um juiz imparcial* (FREUD, 1926/1992a).

> *E agora entendemos o processo. O paciente repete, sob a forma de sua paixão pelo analista, as experiências emocionais que ele já passou; ele transferiu sobre o analista as atitudes anímicas que estavam prontas nele*

> *e estavam intimamente ligadas à gênese de sua neurose. (...) Então, o que ele nos mostra é o cerne da sua história de vida íntima, ele a reproduz palpavelmente, como algo presente, em vez de se lembrar (p. 212).*

Versão *Standard Edition*: (FREUD, 1926)

> *(...) He is also repeating before our eyes his old defensive actions; he would like best to repeat in his relation to the analyst all the history of that forgotten period of his life. So, wat he is showing us is the kernel of his intimate life history: he is reproducing it tangibly, as though it were actually happening, instead of remembering it (...) (p. 226).*

No Assassínio de Moisés XVI 195

O texto corresponde a *Moisés e a religião monoteísta* (1939[1934-38]/1991i).

> *(...) O destino trouxe ao povo judeu o grande feito e o crime atroz do tempo primordial, o parricídio, dando-lhe a oportunidade de repeti-lo na pessoa de Moisés, uma figura paterna notável. Foi o caso de "agi"> [Agieren] em vez de lembrar, como ocorre frequentemente durante o trabalho analítico (p. 85).*

Versão *Standard Edition* (FREUD, 1939[1934-38]):

> *(...) It was a case of "acting out" instead of remembering, as happens so often with neurotics during de work of analysis (p. 89).*

24. Realizar em ato e mudança psíquica

Este capítulo visa expor um conjunto de ideias pessoais relacionadas com temas centrais em psicanálise.

Trata-se do resultado de mais de quatro décadas de trabalho com pacientes em psicanálise individual e de tratamentos psicanalíticos de casal. Felizmente, ambas as experiências se suplementaram em mim, enriquecendo mutuamente os quadros teóricos dos quais provinham.

Processo que, conforme minha convicção, teve um valor de "acontecimento" pelo fato de ter desenvolvido uma Tese de doutorado[11] sobre ancoragem e mudanças subjetivas nos tratamentos psicanalíticos de casal, o que me permitiu propor os conceitos que apresentarei a seguir.

11 Minha Tese, leva por título "Ancoragem subjetiva em pacientes tratados psicanaliticamente em casal". Fiz a defesa pública na Universidad del Salvador, em dezembro de 2015.

A psicanálise trabalha

Talvez estranhe dizê-lo assim, porque habitualmente consideramos que quem trabalha em sessão é o psicanalista, o paciente ou ambos. No entanto, tento propor desde o começo que em um tratamento analítico "quem trabalha" é a psicanálise. Esta formulação supõe uma série de hipóteses prévias que acho necessário esclarecer.

Uma pergunta que faz sentido formular, e exige uma resposta, é a seguinte: Por que os pacientes falam do que fazem em sessão e não de outra coisa? Levando em consideração que entre uma e outra sessão se podem passar vários dias e acontecer episódios de diferente natureza. A resposta que Freud dá a esta interrogação é a seguinte: cada sessão terá "uma ordem do dia", como nas assembleias de condomínio e na pontuação de temas, no caso de um paciente, estará pré-determinada pelo seu processo inconsciente. Portanto, o que os pacientes expõem em sessão não é produto do acaso nem circunstancial.

Ao mesmo tempo, sustento que todos os pacientes portam em si próprio um sujeito em devir, obstaculizado em sua expansão, que denomino sujeito inconsciente. Esta noção se aproxima daquilo que Freud propôs como divisão da personalidade psíquica [Spaltung] e do conceito de Verdadeiro self, proposto por Winnicott.

As alternativas do sujeito inconsciente se resolvem nas relações interpessoais. Se bem que, ao começo de uma análise, essas alternativas irão se concentrando na transferência e, portanto, no vínculo analítico.

Por este motivo sustento que os analistas somos convocados pelos nossos pacientes como especialistas em "identificar o sujeito em devir", com a finalidade de "saber fazer" com os obstáculos que limitam seu desenvolvimento.

O analista estará em condições de avaliar o estado do processo por meio do "dizer e o fazer" do paciente em sessão. A nossa "escuta" exigiria uma orientação nessa direção.

Vale saber que aquilo que não possa ser realizado nas sessões seguirá acontecendo, como temas interpessoais, na vida de relação dos pacientes. Desde esta perspectiva, a frequência semanal de sessões deixa de ser um fato indiferente ou um dado menor.

O dispositivo para dar conta do processo analítico é conformado pela solidariedade clínica associação livre - atenção flutuante. Cria-se assim um equivalente para a tela de um osciloscópio[12]. Quando o paciente e o analista não se enquadram na regra fundamental "o osciloscópio está desligado". Nesses casos há uma tendência a ler, e trabalhar em sessão, sobre aspectos da vida cotidiana dos pacientes.

Sobre a dinâmica clínica

Se um analista utilizar algumas das teorias em psicanálise para dar conta do que o paciente expõe em sessão estará realizando "psicanálise aplicada". Isto é, aplicando teoria a um texto, como poderia fazer com um romance ou argumento teatral, e desse modo traduzi-lo a uma linguagem psicanalítica.

Dos múltiplos efeitos deletérios que essa técnica pode causar vou mencionar dois:

a) O paciente é sempre o *infans* (a boca, o bebê ou a criança) e o analista é, por definição, sempre um representante dos objetos primordiais (o peito, a mãe, o pai ou a lei). Com isto se confirma, uma e outra vez, que a teoria usada pelo analista sempre acerta,

12 Refiro-me ao dispositivo médico, cuja tela permite visualizar e ler, por exemplo, um eletrocardiograma.

tanto na compreensão como na explicação do acontecido. Isto ocorre devido a cada quadro teórico poder oferecer, pela sua vez, as ferramentas para a autoconfirmação de seus predicados.

b) Todo paciente ao falar em sessão descreve uma cena, com argumentos e lugares a serem ocupados que se oferecem como pontos de identificação para o analista. Desse modo, gera-se uma dinâmica similar a um "carrossel", na qual por momentos os analistas encarnam algum desses outros significativos e outras vezes o próprio paciente. Esta situação é desconhecida ou desmentida mediante a "aplicação da psicanálise", visto que tanto as personagens quanto os lugares a ocupar são sempre os mesmos.

A tramitação psíquica

Freud pensava a tramitação psíquica do seguinte modo:

> *Não esqueçam de que as vivências antigas dos histéricos exteriorizam seu efeito em uma ocasião atual como lembranças inconscientes.* Parece como se a dificuldade para a tramitação, a impossibilidade de mudar uma impressão atual em uma lembrança debilitada, *dependesse justamente do caráter do inconsciente psíquico (FREUD, p. 216, grifos do autor)*

Sustento, como hipótese central da minha proposta, que a tramitação psíquica é realizada em ato com outro. É do meu interesse salientar que é com outro e não com um objeto, porque o objeto é definido como tal por e desde o sujeito. Enquanto o outro, na sua condição de real, tem existência própria em uma dimensão diferente daquela do sujeito.

A partir desta perspectiva, a tramitação será feita em transferência, justamente no limite que permita diferenciar o analista na sua condição de outro e não de objeto. Assim, a tramitação psíquica pode ser pensada em duas fases: a primeira feita em ato com o analista mediante o dizer e o fazer em sessão e adiante o sentido do revelado em ato poderá ser recuperado por meio do processo do pensamento.

De que modo a psicanálise trabalha em sessão?

Depois de ter percorrido o contexto teórico do qual atualmente disponho, desejo sublinhar o trabalho da psicanálise em sessão. Para tal fim, irei lançar mão de artigos com vinhetas de Revistas da especialidade.

O primeiro material, foi publicado na Revista de Psicanálise da Associação Psicanalítica Argentina. No volume LXVII, número 3 em 2010. O segundo foi publicado na Coleção de Orientação Lacaniana da Editorial EOL em 1992. Quero destacar novamente que os exemplos referem a linhas teóricas diferentes, apesar de que possuem um núcleo que caracteriza, desde minha perspectiva, a especificidade clínica em psicanálise.

Material clínico 1: a paciente K

Este material corresponde ao trabalho intitulado *Do Baluarte ao "Enactment": O "Não-Sonho" no Teatro da Análise,* de Cassorla (2019).

Quando K me consultou se queixava o tempo todo dos seus sintomas corporais, indefinidos e constantes, que por falta de palavras eram chamados de "vertigens". Há muitos anos sua vida estava limitada porque estes sintomas lhe impediam de estudar, sair e fazer amigos. K passava a maior parte do tempo na sua casa, na cama, seu único refúgio. Dezenas de médicos não encontraram "nada" no seu corpo; os ansiolíticos e antidepressivos que tomava não tinham efeito e seus sintomas pioravam. Em poucas semanas, a essas vertigens se acrescentaram enxaquecas, diarreias, gripes, febres, e outros sintomas, que exigiam tratamentos médicos. K também se queixava do seu analista, acusava-me de incompetência e de ser o causante desses novos sintomas. Incomodado, eu me sentia ameaçado pelas queixas e pela piora do estado da paciente. Com o tempo a esses sintomas se adicionaram ansiedade, mal-estar psíquico, medos, percepções ainda quase indizíveis, que se diferenciavam dos sintomas corporais. Posteriormente, estes predominariam, substituindo o corpo como lugar de sofrimento.

Nessa fase inicial me sentia inútil e impotente, invadido pelas queixas. Constantemente me perguntava se minha capacidade analítica se encontraria comprometida, mas jamais quis desistir: sentia que existia um vínculo forte entre nós e tinha certeza de que com o tempo as coisas ficariam esclarecidas. A mãe de K tomava antipsicóticos e seu pai, falecido, era desprezado por K.

Irei selecionar dois trechos de sessões. No primeiro, que pertence ao início do terceiro ano de análise, exponho como K me envolveu em uma conspiração sadomasoquista. A continuação, o momento M, quando eu, analista, perco o controle.

A sessão transcorre depois de um fim de semana longo, em que K viajou apesar das suas fobias. Desesperada, começa dizendo que tem muito para contar sobre sua viagem, que a sessão não seria suficiente, que está passando mal, muito mal, que a viagem foi horrível. O hotel era péssimo, a comida intragável. Sempre se sentia mal e aferia a pressão a cada momento. Não sabe como pôde, com muito esforço, passear um pouco. Mas ficou isolada, os parceiros de viagem eram muito desagradáveis. Chegou de madrugada. Teve que acordar cedo para vir à sessão. Tem muito sono. Nunca mais vai viajar de novo etc.

Interrompo as queixas de K. Ela não gosta disso. Digo-lhe que reparo em que está funcionando uma "máquina de tortura", uma trituradora, que transforma tudo em merda. Ela não gosta de me ouvir: meu tom de voz foi de raiva e estranhei de me escutar dizendo "merda". Não costumo falar desse jeito. Em resposta à minha intervenção, K se queixa violentamente de que não a deixo falar, de que ela não pode se queixar. Fala gritando e me acusa de que eu lhe gritei. Saliento a sua desconfiança e a dificuldade para notar as coisas boas, a viagem, que é a primeira em tantos anos, apesar das dificuldades. K parece não me escutar, mas fico surpreendido diante da emergência de um novo material que aparenta ser diferente. Conta que chegou na sua casa e não encontrou a mãe no quarto dela. Ficou assustada. Inconscientemente -me vem a frase: "e você pensou que a tinha matado?" Responde que sim, que lhe ocorrera exatamente isso. Foi tomar banho. Depois abriu a porta do quarto e a mãe estava lá, dormindo. "Mas fingiu não me escutar". Pergunto-lhe como tem certeza disso. Diz que tinha feito muito barulho na casa. A sessão continua com K retomando suas queixas.

Momento M

Apesar de que existiram momentos férteis durante o processo, a maioria é abortada e apenas há consciência deles. Tenho a sensação de me deparar com um muro infranqueável, em que qualquer tentativa de compreensão é rejeitada ou desvitalizada. É como se K acionasse uma metralhadora giratória, que destrói de modo indiscriminado qualquer coisa que estiver por perto.

Aconteceu então o que chamo de Momento M, quatro meses depois do fragmento relatado.

Como em outras ocasiões, K transformou uma das minhas intervenções, distorcendo-a, sentindo-se perseguida e atacando-me por isso. Não me escutava e insistia com que eu a acusara injustamente, que eu dissera um absurdo etc. Ela gritava, enquanto eu notei que me defendia torpemente, querendo convencê-la de que não tinha falado isso para ela. Nesse momento, sem pensar, bati minha mão com força no apoio de braço da minha poltrona e, gritando mais forte que ela, interrompi-a. Reclamei que não me deixava falar nem me escutava. Nesse instante K deixou de gritar e me disse com calma, com ar vitorioso e em tom irônico, que eu lhe gritara. Respondi que sim, que estava certa, que realmente tinha ficado nervoso, que eu era um ser humano. "Ainda bem que posso ficar nervoso, de outro modo você me obrigaria a concordar com tudo o que você me diz e, nesse caso, teria medo, ficaria dominado e você não teria um analista".

Refletindo sobre o acontecido, supus que até esse momento me sentira como um analista paciente, tentando não me contaminar com as violentas identificações projetivas de K (fato que não era fácil) e, da forma mais calma possível, de digerir e outorgar um significado a essas manifestações. Atribuía o pouco efeito das minhas intervenções e a constância dos ataques de K a seus aspectos destrutivos que eu tentava interpretar.

Quando aconteceu o momento M, supus que a violência das identificações projetivas ultrapassara meu limiar de continência e que ficara preso pela sua parte psicótica.

Minha perspectiva do acontecido com a paciente K

Um possível modo de intitular meu comentário poderia ser "Quando o analista 'é' a filha de uma mãe psicótica" porque desde o começo, gostava de assentar meu modo de entender o caso da paciente e particularmente o momento M.

Por aquilo que tivemos oportunidade de ler, o Dr. R. Cassorla considerou que em todo momento ele era sempre o analista quem escutava e falava com a paciente. Reproduzo alguns parágrafos nos quais o autor dá conta de como se sentia, no começo do tratamento de K: a) Nessa fase inicial me sentia inútil e impotente, invadido pelas queixas. b) Encontrava-me lutando para não ficar preso nos lamentos dela e me sentia invadido de sentimentos esquisitos, confusos e bastante incômodos: não os entendia. c) Constantemente me perguntava se a minha capacidade analítica se encontraria comprometida, mas jamais quis desistir.

Mais à frente, depois de ocorrido o episódio M em que o analista dá o murro no apoio de braço da sua poltrona, menciono o seguinte: a) Respondi que sim, que estava certo, que realmente tinha ficado nervoso, que era um ser humano. b) "Ainda bem que posso ficar nervoso, de outro modo você me obrigaria a concordar com tudo o que você me diz e, nesse caso, teria medo, ficaria dominado, e você não teria um analista".

Faz sentido o fato de pensarmos no motivo pelo qual o Dr. Cassorla considera que é "sempre" o analista. Ainda mais levando em conta que em toda situação analítica emergem fenômenos projetivos. Podemos obter a resposta a esta inquietação a partir do modelo teórico que o autor utiliza. Ele parece ser usuário de desenvolvimentos conceituais de W. Bion quem teorizou sobre o funcionamento primitivo da mente. Postulou que, nos começos da vida psíquica, a mente estaria povoada por partículas Beta, que estariam apenas ao serviço da evacuação, e elementos Alfa que habilitam e permitem sonhar. Aplicando este modelo à clínica analítica, o paciente, em sua parte bebê, identificaria projetivamente aspectos psicóticos (partículas Beta) no analista-mãe, quem com sua capacidade de *rêverie* (mente materna) as metabolizaria para devolvê-las com significado.

Considero que o maior inconveniente que gera a utilização deste modo de pensar clinicamente é, conforme meu critério, a firmeza com a que "bebê e mãe" acabam sendo os habitantes "naturais" dos lugares "paciente e analista". Coincido com aqueles que denominam este tipo de aproximação compreensiva com o nome de "análise aplicado". Trata-se, como o mencionei previamente, da leitura de um texto utilizando conceitos e termos do quadro teórico psicanalítico usados por um analista, quem baseia sua prática em interpretações de conteúdo, em geral de caráter simbólico. Sua característica principal, que não a faz pertinente para os tratamentos analíticos, é que as personagens envolvidas sempre acabam encarnando uma determinada qualidade.

Importa-me transcrever aqui o modo em que Freud alerta a respeito deste tipo de compreensão clínica. No começo do texto *Pulsões e seus destinos* (FREUD, 1915/1992r) o autor faz uma proposta metodológica em referência ao "começo correto da atividade científica". Este consiste em descrever fenômenos "que depois são agrupados, ordenados e inseridos em conexões". Para a descrição mesma "é inevitável aplicar ao material certas ideias abstratas", que são os posteriores conceitos básicos da ciência. E acrescenta:

"Enquanto se encontram nesse estado, temos que alcançar um acordo sobre seu significado pela remissão repetida ao material empírico do qual parecem extraídas, mas que, em realidade, *é* submetido a elas" (p. 113, grifos do autor).

Tenho sublinhado aquilo que é do meu interesse salientar. As explicações do acontecido com a paciente K parecem emergir da clínica, mas, pelo visto, correspondem ao quadro teórico utilizado pelo Dr. Cassorla. O acontecido poderia sugerir que se tratou de um momento de constrangimento do analista, quem farto das queixas da paciente fez uso da sua autoridade no enquadre e lhe disse "aos murros", "as coisas são assim, como eu lhe digo e acabe de vez com as queixas". Acho sinceramente que isso foi o que aconteceu. Fato que não tira, a partir da minha perspectiva do *sujeito inconsciente*, o valor fundamental do momento M.

Ao contrário da psicanálise aplicada, considero que nas sessões analíticas ocorrem fenômenos projetivos que devem ser levados em conta pela sua importância radical. Motivo pelo qual utilizo como metáfora a ideia do "carrossel" para dar conta do sentido dinâmico da situação clínica. Com isto quero dizer que, tanto nos diferentes momentos de uma sessão quanto na análise em sua totalidade, os psicanalistas podem encarnar diferentes personagens que fazem parte do argumento exposto pelos pacientes. Seguindo a sequência associativa que o analista fez ao momento de expor o caso, o episódio M pode se entender do seguinte modo: "A mãe de K tomava antipsicóticos e seu pai, defunto, era desprezado por K", disse inicialmente o analista. E seguidamente, e com antecedência ao episódio M, permitiu elucidar o que segue: "Conta que chegou na sua casa e não encontrou a mãe no quarto dela. Ficou assustada. Inconscientemente -me vem a frase: 'E você pensou que a tinha matado?' Responde que sim, que lhe ocorrera exatamente isso. Foi tomar banho. Depois abriu a porta do quarto e a mãe estava lá, dormindo. 'Mas fingiu não me escutar'". Sublinhei a frase que lhe ocorrera ao analista para reafirmar que "o tema da mãe" ocupava sua contratransferência, mas sabemos que não pensou que se estava dramatizando na sessão.

Além do mais, se pensarmos que o Dr. Cassorla tinha "sentimentos esquisitos que não compreendia", como nos indicara, temos motivos para supor que ele estava em um lugar transferencial informado pela sua contratransferência. Visto desse modo, adquire valor o dizer da paciente "fingiu não me escutar". Efetivamente, podemos supor que a paciente sugeria que a temática transferencial com a mãe não estava sendo considerada, nesse momento, pelo analista.

Proponho entender, partindo de uma outra perspectiva, o momento M. O analista, com o murro no apoio de braço da sua poltrona, sai da sua identificação "filha" e deixa de estar sometido a penar por não poder solucionar os problemas de "sua" mãe psicótica, que a paciente lhe oferecia permanentemente com seu "fazer" em sessão. O analista deu conta disso: a) Tornara-me uma vítima sofrida, um mártir, que masoquistamente aguentava a dor, sem ter consciência de estar contra-identificado com os mesmos aspectos de K. b) Minha reação no momento M foi uma espécie de grito de alerta, chega de identificações com os aspectos masoquistas de K.

Fica evidente que finalmente o analista reconhece ter ficado no lugar de padecimento da paciente. Minha diferença, com o modo de compreender o lugar de "a sofrida", é consequência de considerar que o analista estava no "lugar filha", e a paciente no lugar "mãe psicótica". Se seguirmos aquilo que o analista foi informando sobre seu sentir, poderemos inferir que a paciente não sabia mais o que fazer como filha dessa mãe. E o murro na poltrona inaugurou um novo momento para ela.

Tento demonstrar que a mudança psíquica, gerada pelo tratamento de análise, será subsidiaria da *apropriação subjetiva* que os pacientes realizarem, em transferência, de um *fazer diferente do analista.*

No caso da paciente K, será aquilo que, feito pelo Dr. Cassorla, permitiu o deslocamento do lugar "filha" dessa mãe psicótica. A paciente, ao se apropriar de tal "fazer" ficará em condições de desmontar a cena, vigente na sua vida psíquica e poderá promover, a partir daí a almejada mudança subjetiva que ficara pendente de acontecer. Suponho que fica evidente que não é minha intenção propor nos tratamentos um "fazer" ao estilo do murro no braço da poltrona do analista. Faço referência a um "dizer e um fazer", no lugar particular em que somos colocados pelos pacientes em sessão. Eles encarnando o "outro significativo" (a mãe psicótica da paciente K) e os analistas no lugar subjetivo que os pacientes tinham naquela cena (filha sofrendo sem saber mais o que fazer). Quando um analista pode "falar" em transferência desse lugar para "a mãe psicótica", deslocando-se do padecimento e do sofrimento, irá outorgar-lhe ao paciente a possibilidade de que se aproprie desse fazer diferente, e ainda com a chance de promover a caducidade da cena.

Material clínico 2: S.O.S.[13]

Um psicanalista me pregunta se posso atender um homem que está em uma situação muito difícil, sua esposa está muito doente, quase por morrer. Ele nunca quis iniciar uma análise, com certeza nem mesmo nesse momento, mas está muito "afogado". Soube também que o irmão dele se analisou durante vários anos. Na primeira entrevista me explica que sua mulher está morrendo e que é muito difícil viver com alguém que está nessa situação. O que dificulta tanto esse momento é a agressão da mulher, situação que, segundo lhe explicaram, fazia parte de uma etapa característica deste tipo de

13 A autora é a Lic. Diana Etinger. Publicado em *La cura psicoanalítica tal como es*, Colección Orientación Lacaniana, Editorial EOL, Buenos Aires, 1992.

processos. Foi expulso do leito de casal e dorme em um canto da casa. "Alimentam-me e lavam minha roupa porque estou ali". Não se importava com ficar recluído em um canto, "Sou um Rambo para viver de qualquer maneira". Pelo contrário, importava-se com o fato de não participar desde há duas semanas em todo o que era necessário para ajudar sua mulher. Isso não lhe era permitido. É seu filho mais velho quem toma conta desses assuntos, que é com quem consegue falar um pouco. Ficou sozinho, os outros dois filhos (um rapaz e uma moça adolescentes) são solidários com a mãe. Supõe que, assim que ela morrer, ele terá que morar em outro sítio.

Ao longo do relato repete "não posso lidar com isto" (faz referência ao controle sobre si próprio). Saliento isto dizendo que no trecho de poucos minutos ele dissera o mesmo mais ou menos dez vezes. Ele retifica "foram seis vezes" e não o repete mais. Como vemos, mesmo hesitando, ainda se coloca como amo do seu ser e oferece as provas disso.

Pergunto pelo motivo dos ataques da sua mulher: "ela é totalmente irracional". Com certa dificuldade consigo saber que ela o acusa de infidelidade, mas esclarece que isso não é verdade. Essa acusação não tem história, sempre foram um matrimónio modelo para familiares e amigos, ao longo de vinte e um anos. Mas... sempre existiu um ponto difícil, um controle exasperante de sua hora de chegada. E quando ele demorava, aumentava a tensão e a severidade. Depois passava. Demoras "inocentes" por causa do futebol, do xadrez ou do cinema, mas, como ele resistia a ser controlado, quando ia jogar xadrez dizia que ia para o futebol ou vice-versa.

Uma história irrepreensível, demoras inocentes, mentiras inocentes, mas, no último mês a situação se tornara um inferno. Também com dificuldade, me revela uma outra parte da história. Sua mulher tinha descoberto uma dessas mentiras costumeiras. (...) Desse modo, digo-lhe que não compreendo a atitude dos seus filhos, supostamente explicável pela solidariedade com a mãe. Ele sempre foi um bom pai, "éramos um clã", "agora me expulsaram do clã", mas, em uma oportunidade de uma consulta psicológica que fez junto com seus filhos, para poder assumir o processo da doença da sua mulher, fica sabendo que seus filhos acham que ele é um mentiroso. Nunca tentou esclarecer isto com seus filhos, de fato parecia confirmar aquela percepção. Coisa que assinalo. E então diz: "eu tenho um traço mentiroso". Relaciona esse aspecto com a sua profissão, pela qual, e conforme afirma, é obrigado a mentir constantemente. (...) Deixo-o com uma pregunta: o que será que faz com que ele tenha que demonstrar sua condição de mentiroso?

Na entrevista seguinte, fico incorporada no Outro diante o qual ele precisa ficar como mentiroso, pois confessa que, em verdade, desde há dois anos aproximadamente ele mantém relações sexuais casuais com diferentes mulheres. Assinalo para ele que isso não justifica a versão que sua mulher, seus filhos e familiares têm dele, a saber: "o canalha que abandona sua mulher moribunda por uma outra". E insisto na pergunta que ele ainda não se faz. O que será que leva ele a demonstrar seu traço mentiroso? (...) Mas o tempo pressionava, a morte é um momento de concluir que não admite a demora do tempo de compreender. Por isso, pergunto-lhe se existe alguma relação entre a mentira e sua história, de seus pais ou avós. Responde sem hesitar: sim, meu pai. E fala de um pai que sempre enganara a mulher, sua mãe. Ela falava "pestes" dele com seus filhos, ele era o "antivalor". E esclarece que, não entanto, depois da morte do pai reparou em que ele "lhes deixara coisas importantes". (...) Este homem levava seu sintoma sem dar por isso, e sem muito sofrimento. Até que um real inapelável o defronta brutalmente com a castração do Outro e o luto. E um luto pode acionar um outro, o luto pelo pai neste caso. Então foi necessário, mais que nunca, sustentar esse pai e, desse jeito, sustentar-se nele. Mas montou a cena de um inferno do qual não conseguia sair. Assumiu uma falta que não era sua e o castigo por aquela culpa paterna, com o qual apoiava a inocência do culpado: "lhes deixara coisas importantes".

Decifrada esta dimensão do luto e da culpa, pôde esclarecer a situação com sua família. Reincorporou-se no grupo familiar, no leito de casal e organizou a comemoração dos quinze anos da filha. Pouco tempo depois se despediu de mim. Conseguira sair, pelo menos desta vez, do inferno.

Meus comentários sobre este caso

Neste segundo caso clínico, a analista percebe e assinala para o paciente que os aspectos da situação familiar relatados por ele não justificavam que os filhos o consideraram como um mentiroso. Diante desse assinalamento o paciente confirma que "tem um traço mentiroso". A analista, intuindo que se trata de um elemento central, pergunta-lhe sobre os antecedentes familiares desse posicionamento mentiroso na vida dele ou em pais e avós. "Ele responde sem hesitar: sim, meu pai. E fala de um pai que sempre enganou a mulher dele, sua mãe. Ela falava "pestes" dele com os filhos, ele era o 'antivalor'". Novamente encontramos no material de sessão a identificação do paciente com um dos seus genitores e vemos a analista ocupando o lugar de quem defronta o mentiroso. Dois elementos distintivos neste segundo material: inicialmente, a encenação com outro fora realizada pelo paciente com sua esposa, posicionando-se como mentiroso. Em segundo lugar, o fato de ter que realizar o luto pela morte iminente da sua mulher ativara no paciente o luto pela morte do pai, que se manifestara nas identificações com aspectos dessa figura.

Suponho que, neste ponto da minha exposição, fica evidente que nos materiais clínicos quis salientar a ativação de fenômenos identificatórios nos pacientes encenados com o analista durante a sessão. Manifestações que talvez se observem com maior clareza no caso da paciente K.

Por outro lado, no começo deste capítulo propus considerar que nós analistas somos convocados como especialistas para "detectar e saber fazer" com os obstáculos que se opõem ao desdobramento do sujeito em devir que jaz nos pacientes. Aquelas identificações, vitais para o crescimento psíquico, são as que depois se transformam em um impedimento para o próprio desdobramento subjetivo. Portanto, tendo ou não conhecimento disso, os analistas são chamados a "entrar na cena".

Naquele estupendo filme uma das personagens centrais saía da tela e transitava na vida real desde sua caracterização como personagem. Contrariamente, os analistas posicionados no lugar do paciente na dramática clínica, são convocados a "entrar na cena". A finalidade implícita é a de "encarnar" seu lugar e participação na cena que insiste de modo repetitivo em relação ao outro significativo da sua vida. E, a partir daí, responder de uma outra maneira àquilo que nesse momento fica encenado.

O paciente ignora a encenação do sofrimento padecido, como observamos projetivamente no caso clínico do Dr. Cassorla, ao mesmo tempo que também não possui uma consciência da identificação com aquele (ou aqueles) com quem o sofrimento continua acontecendo na vida psíquica e na atualização da encenação em sessão.

A apropriação subjetiva deste "fazer distinto do analista" no presente transferencial, sobre uma cena com personagens e argumentos de certo passado, seria o modo em que surgiriam fenômenos de desidentificação no paciente, e consequentemente a possibilidade de uma mudança subjetiva a partir da qual será possível. Desse modo, e mediante a terapia psicanalítica, o sujeito em devir recuperaria a possibilidade do seu almejado desdobramento. Parece o mesmo, mas não é.

Ao começo da sua exposição intitulada *Psicoanálisis y cura*[14], Maxine González Eloe[15] incluía como epígrafe uma citação de Lacan: "Eu escuto e a psicanálise cura"

A autora, no final do seu trabalho, afirmava o seguinte:

> *Se o analista instituir um objetivo curativo da análise, arrisca-se não só a designar limites artificiais ao trabalho e confundir o sentido da escuta, mas também a ser vítima da tendência mais perigosa da contratransferência: o próprio narcisismo, colocando-se em uma suficiência e falsa responsabilidade. Desse modo, como analistas dizemos que o assunto está na escuta, no desdobramento do processo e que a cura advém, "por conseguinte".*

Meu comentário sobre a proposta da colega do México

Sem sombra de dúvidas o trabalho recupera a melhor essência freudiana, a atenção para evitar o *furor sanandi*, posicionamento com o qual concordo plenamente. Se bem que é do meu interesse salientar minhas diferenças com o posicionamento da autora em relação à cura.

---

14 Trabalho exposto no XXXVIII Congresso Nacional de Psicanálise da Associação Psicanalítica Mexicana a 4 de dezembro de 1998, Univiversidad Iberoamericana, México, D.F.

15 Psicanalista didata, diretora do Instituto de Psicanálise, Associação Psicanalítica Mexicana.

Ao propor para a clínica que "a psicanálise trabalha" refiro-me a um sentido particular, tanto da noção de escuta como de processo, ligados a meu trabalho sobre o sujeito inconsciente. Por tal motivo, o analista teria uma intervenção específica para realizar, que excede uma simples escuta. Aspecto que quis salientar nos meus comentários sobre os materiais clínicos.

Tal intervenção excede a escuta porque os pacientes não podem modificar por si próprios seu lugar na cena da qual fazer parte por serem apenas escutados. Justamente, o argumento a ser realizado requer a participação do sujeito e do outro da cena, pois ambas as personagens estão contidas na vida psíquica do paciente. Tanto a desidentificação como a mudança psíquica exigem a intervenção atualizada das duas personagens. Com isto sublinho a ação pontual e específica do analista, fato que me conduz a sustentar o argumento de que a tramitação psíquica é realizada "em ato e com outro".

25. O sujeito inconsciente em dois exemplos clínicos: Leandro e Hernán

Leandro[16]

O seguinte relato é uma síntese do padecimento que um paciente expôs na sua primeira entrevista, razão pela qual solicitava a consulta. Leandro tinha 25 anos e o visual de um "menino grande". Sentia-se mal consigo mesmo porque tirara dinheiro do local onde trabalhava e o que sentia como mais criticável era o fato de ter roubado um amigo, quem lhe oferecera um bico quando Leandro estava desempregado e sem recursos.

Na entrevista dizia desconcertado:

"Fiz a mesma coisa nos quatro trabalhos que tive e nunca defrontei a situação. Sempre disse que eu não tinha sido. Estou me

16 Também publicado em Krakov, H. El mundo vincular y la clínica psicoanalítica (Cap. 1). La pareja y sus anudamientos. Erotismo-Pasión-Poder-Trauma. (Lugar Editorial). Buenos Aires. 2001.

ferrando a vida inteira[17]. Não posso dizer não para ninguém, nem para mim mesmo. Para tapar um buraco, entro sempre numa confusão"[18].

Seus roubos eram para pagar os cartões de crédito, com os que gastava mais dinheiro do que podia assumir.

A respeito da sua história, contou que quando criança levava guloseimas sem pagar de um quiosque próximo da sua casa. O pai, que sabia o que acontecia, não falava nada para ele e no final do mês pagava a conta que o encarregado do quiosque indicava. Da mesma forma, já sendo adolescente, conseguia sair dos supermercados comendo chocolates sem pagar.

Atravessava a linha das caixas com ar de quem não comprara nada, enganando e zombando dos funcionários das caixas e da segurança.

Não era a primeira vez que fazia uma consulta psicológica. A primeira fora com 7 ou 8 anos de idade, porque "não segurava, me sujava", mencionou. Este último dado, junto com o motivo de consulta e as anedotas que relatara, possibilitavam construir uma primeira hipótese sobre sua problemática.

Leandro padecia da insistência de um traço infantil que fazia sintoma em um paciente adulto. Seguia "sem segurar" roubando os outros. As palavras do paciente "Estou me ferrando a vida inteira",

---

17 No texto original o paciente expressa: "*Me estoy cagando toda mi vida*", fazendo uso do verbo "*cagar*", no sentido figurado de "estragar", "ferrar se". Giro idiomático significativo na apresentação e compreensão do material [N.T.].

18 Neste ponto o autor faz um esclarecimento em uma nota de rodapé no texto original indicando que coloquialmente uma pessoa que age como Leandro e rouba um amigo é chamada de "cagadora". Em espanhol rioplatense esse termo denota o caráter enganador, ardiloso, traiçoeiro ou mentiroso de uma pessoa determinada [N.T.].

usadas para exprimir o fato de sentir que "se ferrava", eram suficientemente eloquentes.

Era possível pensar que "o Leandro grande" emprestava o corpo àquela criança encoprética que continuava sendo no seu inconsciente. ("Não posso dizer não para ninguém, nem para mim mesmo"). A partir desta perspectiva, ao se manter a fantasmática de base, o paciente parecia ter transformado a encoprese da sua infância em um traço de caráter.

Qual seria "a operação genuína" em um tratamento analítico de Leandro? Lembremos da proposta freudiana, nesse sentido:

> *(cit.) Todos os recalcamentos acontecem na primeira infância; são umas medidas de defesa primitivas do eu imaturo, fraco (...) E assim, a análise faz com que o eu desenvolvido e fortalecido realize uma revisão desses antigos recalques (...) Estes novos diques têm uma consistência totalmente diferente dos anteriores; vale confiar em que não irão ceder tão fácil à preamar do acrescentamento das pulsões. A retificação com posterioridade [Nachträglich] do processo de recalcamento originário, a que limita o hiperpoder do fator quantitativo, seria então a operação genuína da terapia analítica" (FREUD, 1937, p. 230).(cit.)*

A criação de um dispositivo analítico teria que acolher a repetição transferencial de roubo, como atuação ou talvez como encenação fantasmática em relação com a situação analítica. Analista e paciente poderiam abrir desse jeito a problemática edipiana na qual a reiteração sintomática parecia estar encravada, transitando na transferência os numerosos sentidos da sua encoprese atualizada.

Assim, já habilitado para questionar o ponto de gozo de seu funcionamento, Leandro estaria em condições de "se mudar subjetivamente" da criança encoprética que subsistia nele. Essa mudança seria consequência de se apropriar subjetivamente[19] do fato de "fazer diferente do analista" em relação com os diques da analidade. Desta vez, tratar-se-ia de instalar uma função de interdição, outrora falha ("meu pai depois pagava a conta que o encarregado do quiosque indicava").

Por último, o modo que Leandro tinha de passar o setor de caixas nos supermercados era, com certeza, a encenação do seu fantasma encoprético.

Enquanto as caixas regulam como e quando é permitido passar, sugeriam ter para Leandro o valor de um esfíncter. Por esse motivo, parecia se encenar um momento encoprético, acompanhado do sentimento de zomba e triunfo por sobre aqueles que exerciam uma função de controle. Se bem que, ao mesmo tempo, a cena permite pensar a respeito de por que Leandro tinha um sentimento de tanta degradação de si mesmo. Era ele quem, por identificação, ocupava o lugar das fezes, ao conseguir atravessar o esfíncter driblando o controle.[20]

Hernán[21]

Trata-se do material clínico de um paciente que tratei há duas décadas. Hernán me tinha consultado em meados dos anos 1990 para iniciar um tratamento analítico por problemas no casamento

19 Em terminologia kleiniana seria possível denominar este processo como *uma* "identificação introjetiva", mesmo não se tratando do mesmo fenômeno.

20 Expressado em linguagem anal, ele se sentia "uma merda".

21 Também publicado em Krakov, H. "El hallazgo freudiano y su potencia en la clínica psicoanalítica actual" Revista de Psicanálise, de APdeBA, Nro. 1, Vol. XXIX, de 2007 e na Revista SERPIDI. "Narcisismo e mentalizazione". Fevereiro de 2010. Roma. Italia.

dele. Estava casado com Marta há 16 anos. Tinha dois filhos, um rapaz adolescente e uma filha na puberdade. Tinha trabalhado como gerente em vários laboratórios de produtos medicinais de certo prestígio, se bem que há alguns anos não conseguia se posicionar com estabilidade no mercado de trabalho. Quando me consultou realizava uma atividade docente virada para a formação de visitadores médicos, motivo pelo qual seus recursos eram muito escassos. Subsistia graças a umas poupanças que conseguira em épocas de prosperidade e aos aportes de Marta, quem recebia um salário por seu trabalho de contabilista em um escritório de contabilidade.

Após as entrevistas iniciais, começamos um tratamento face a face, com uma frequência de duas sessões semanais. Desde o princípio, Hernán me falara nas dificuldades que tinha no seu casamento, motivo pelo qual mantinha desde há 12 anos uma relação com uma outra mulher a quem chamava de "*polaquita*".

Progressivamente, o paciente foi trazendo com maior intensidade temas referidos à sua sexualidade. De modo simultâneo sua vida matrimonial e extramatrimonial, transitava um circuito que fomos denominando "da prostituição e dos travestis". E, além disso, no fim do expediente costumava visitar alguma "*Sauna*"[22] para ter uma relação genital fugaz ou então para que lhe praticassem sexo oral. Isso acalmava ele de ansiedades e inquietações laborais do dia e lhe permitia "voltar para casa sedado".

Depois de dois meses de iniciado o tratamento, e por causa da insistência dele em falar apenas do "tema Marta", propus a utilização do divã. Hernán aceitou a minha proposta sem dificuldade. Indicação baseada na convicção de que, ao serem sessões face a face, o mesmo enquadre poderia potenciar um clima coloquial e anedótico.

22 "Sauna" é o nome com que se publica a oferta de sexo prostituído [N.T.].

De qualquer jeito, apesar da modificação, sua atividade nas sessões era semelhante àquela do "paciente do discurso ininterrompido". Segundo ele mesmo dizia, podiam passar horas enquanto ele dava uma aula, cativando a audiência, fato que fazia com que ninguém perguntasse sobre o assunto tratado.

Hernán, além do "tema Marta", possuía a clara intuição de que tinha que fazer alguma coisa com aquilo que acontecia na sua vida. Dispunha de recursos econômicos limitados, e apesar disso durante os últimos anos, pela manhã ele vestia "como um gerente", como aquele que já fora nalgum momento da sua vida, deambulava sem rumo pelo centro da cidade, até se instalar diante de um computador para se dedicar a assistir por horas pornografia pela Internet.

Nesse meio tempo, em suas sessões se intensificou a análise da compulsão a transitar o circuito da prostituição e, em particular, o tema dos travestis. Ele reparava em que tudo se tornara cada vez mais degradante e de risco legal. Não só pelo tipo de personagens com quem mantinha contato sexual, mas porque, com maior frequência, procurava moças menores de idade para que lhe praticassem sexo oral no carro dele.

Os travestis o excitavam muito, dizia, embora nunca os pensasse como homens. Se bem que em várias oportunidades ocorrera-lhe, enquanto os penetrava, "segura aí, vou te arrombar". Tal situação fez com que lembrasse que, nos jogos infantis, costumavam dizer para quem perdia: "vai embora, *culeado*[23]".

Nessa altura teve um sonho, no qual ele passava seu braço pelo ombro de um homem desconhecido. Afagava a bunda dele e com o sentido do tato reparava que era "a bunda da *polaquita*". Teria que assumir essa orientação sexual? Será que ele gostava mesmo de

23 Sodomizado, em sentido pejorativo [N.T.].

homens? Era um assunto que experimentava com um sentimento familiar e alheio ao mesmo tempo.

Também lembrou de que um grupo de amigos lhe dissera que um ex-sócio dele era homossexual. "Você soube que ele é viado?" disseram-lhe. Hernán ficou surpreendido porque nunca tinha pensado nem visto o ex-sócio desse jeito. Seria pela própria homossexualidade negada?

Por essa época uma noite se alarmou muito, diante da imperiosa necessidade de enfiar algo em seu ânus. Conseguiu se acalmar em um passe de mágica quando, deitado na sua cama, lembrou de que quando ele e seu irmão tinham febre, sua mãe lhes punha supositórios.

Evocou uma notícia aparecida no jornal. Um homem, que fora preso, foi estuprado por um grupo de reclusos, fato depois do qual o homem endoideceu. Hernán comentou que achava que se ele passasse por uma situação dessas, poderia até matar eles. Entretanto, o que significava esse tema tão reiterado? Por que esse interesse pelos travestis? Eram perguntas que insistiam de modo enigmático. Para ele ficava evidente que quanto mais aparecia o tema na sua análise, sentia-se menos pressionado pela compulsão.[24]

Mais à frente em suas sessões, trouxera uma série de sonhos que o inquietavam.

Em um deles, ia tocar na genitália da sua filha em criança, mas fora acordado pela angústia. Outro sonho o mostrava indo e vindo por um corredor, uma e outra vez, de modo cansativo, acordava exausto. Em um outro seguinte, aparecia praticando-lhe sexo oral a Marta e acordara exausto pela reiteração. O sonho, em sua

24 De fato, alguns meses depois o circuito da prostituição e dos travestis acabou por completo.

totalidade, consistia apenas nisso, se bem que era uma atividade que durava por horas.

Hernán, em uma sessão posterior, voltou a ficar com um estilo fortemente anedótico. Deixei-o falar um momento e depois disse para ele o que escutara, mas não me ocorrera nada para lhe dizer. Ele me respondeu que reparava que estava relatando, mas que não conseguia fazer outra coisa. Ele me disse "Não consigo separar o joio[25] do trigo".

Então intervim dizendo: agora sim ocorria-me o que dizer para assinalar que estava se masturbando na sessão[26]. Algo que fora preanunciado nos sonhos de reiteração.

Surgiu um silêncio tenso.

Surpreendera-o a emergência de uma lembrança. Sendo ele adolescente, de 17 ou 18 anos, via uma cena na qual brincava com uns meninos de 3 ou 4 anos, filhos de vizinhos do bairro que ficavam na sua casa sob a sua responsabilidade. Lembrou de ter tocado eles. Propunha-lhes brincar de doutor, ordenava-lhes abaixar as calças e encostava a genitália na bunda das crianças ou então tentava que sugassem o seu pênis, mas nunca os penetrara. Fez algumas vezes essas "brincadeiras" e parou porque achou que aquilo poderia acarretar consequências para ele e as crianças.

Teria sido abusado em criança? Perguntou-se seguidamente, e lembrou de cenas no quintal da frente da casa da avó, onde tinha grandes plantas de jasmim. Nesse local brincava com seu irmão e um menino mais velho, um adolescente que morava em frente.

---

25 Em espanhol o termo usado é "*paja*" ("*separar la paja del trigo*"), palavra que, além de denotar o caule dos cereias, é usada no espanhol rioplatense e em um sentido vulgar como equivalente de masturbação na locução "*hacerse la paja*" (masturbar-se) [N.T.].

26 Intervenção que o Dr. Krakov faz a partir do giro linguístico do termo "paja" em espanhol [N.T.].

Entretanto em um momento sua mãe, zangada, não quis que o vizinho voltasse a brincar com eles. Foi depois de que acontecesse um episódio diante da família: ao ver que o cano de esgoto de um dos tetos derramava um jato de água, dissera rindo: "parece o *pichi*[27] de Jorge Bullo".

Será que ele foi abusado por Jorge Bullo com a cumplicidade do seu irmão mais velho? Não conseguia lembrar nada disso, mas sempre pensara que algo assim poderia ter acontecido.

Na sessão seguinte trouxe um sonho:

Estava tendo sexo com uma mulher idosa que estava muito seca. Depois se tornava Marta, que estava totalmente lubrificada. Nesse momento ela tinha uma enorme deposição fecal liquida. Ele dizia que não se importava com isso, que queria gozar. Então fazia com que Marta pegasse o lençol pelos laterais para conter o líquido fecal, enquanto enfiava o seu pênis na boca dela para ejacular.

Em uma outra sessão posterior, a respeito da temática do abuso infantil, lembrou de que a filha de uns vizinhos, uma menina de 4 ou 5 anos, era levada pela faxineira para a casa dele. A menina, em uma oportunidade, teve um herpes genital, motivo pelo qual suspeitaram que poderia ter sido abusada por um adulto, sem a penetrar, esfregando-se contra o corpo dela ao se masturbar.

Breves comentários sobre o material clínico

Um comentário inicial está referido à atividade do paciente nas sessões e sua relação com a regra fundamental.

---

27 Uma das formas infantis de fazer referência, em espanhol, à genitália masculina [N.T.].

Hernán, com sua atividade fortemente anedótica e claramente defensiva, costumava controlar a emergência de elementos imprevistos por ele. Parecia acreditar em que fazer uma análise era pensar nos problemas, sobre os que voltava uma e outra vez, com o qual ele acabava sendo um paciente que falava o tempo todo, mas sobre o mesmo assunto.

O certo era que desse modo conseguia manter paralisada a atividade analítica que resultou um indício, e também efeito, da consequente imobilidade inconsciente. Os sonhos de reiteração exemplificavam claramente essa situação: ia e voltava por um mesmo corredor ou realizava uma atividade sexual que "durava horas".

Um momento chave, que significou uma viragem na sua produção, aconteceu quando o paciente afirmou não "poder separar o joio do trigo" diante do qual eu consegui dizer que ele estava se masturbando na sessão. Tratou-se de uma cena transferencial, configurada pelo seu modo de falar, na que ele se estava masturbando ativamente com meu ouvido.

Era a repetição de uma situação de abuso infantil dramatizada em ato, que o paciente realizava sem reparar nisso (ao igual que eu) até que se abriram as lembranças.

A temática do abuso se aprofundou com a evocação de episódios de idades anteriores à sua adolescência, nos que Hernán intuía que poderia ter sido objeto de abuso infantil por parte de seu irmão mais velho e um vizinho.

A cena de uma criança abusada por um adulto continuou insistindo no material. Se bem que, como parte do processamento inconsciente, já era um outro o protagonista no jogo: a menina com o herpes genital.

É de particular interesse o que aconteceu no nível da sua atividade onírica. Dos sonhos reiterativos e extenuantes, passamos a contatar com uma produção que envolvia uma intensa elaboração inconsciente. Faço referência ao sonho da relação sexual com uma mulher que estava muito seca, que se tornava Marta totalmente lubrificada.

Conforme meu entendimento, a lubrificação do sonho expressava em linguagem onírica que a atividade analítica tinha começado a ter mobilidade, sob a forma de um desempenho irreprimível, e que confirmava a emergência nas sessões de um material que nos transbordou de analidade e abuso.

As pontes entre os episódios evocados em sessão e o "circuito da prostituição e dos travestis" condicionaram o desaparecimento da impulsividade sintomática. Hernán tinha um sentimento de grata surpresa porque a atividade impulsiva de tantos anos tinha deixado de existir, quase sem intenção. Ele simplesmente dizia "já não tenho mais aquilo na cabeça".

Meu modo de entender tal modificação na sua vida coincidia exatamente com aquilo que expressava o próprio paciente. O que funcionava nele em qualidade de compulsão, subsidiária de uma cisão do Ego. Era a partir de tal cisão que se encenava a situação de abuso infantil, colocando-se no lugar de "adulto abusador". A compulsão, ao mesmo tempo que perpetuava a situação vivenciada na infância, conseguia mascarar essa cena. A tarefa analítica, ao evidenciar a encenação transferencial do abuso [*agieren*] e permitir o acesso às lembranças, permitiu solucionar a cisão.

Nesse sentido é que a mina leitura do caso coincidia com o paciente pontualmente: Hernán já não tinha mais aquilo na sua "cabeça cindida". O paciente, sem conseguir respeitar a regra fundamental[28], com seu modo de falar encenava uma parte cindida da

28 O episódio clínico salienta a importância do respeito que os analistas devemos ter pela conformação do dispositivo analítico e a necessidade de que os

sua personalidade. Só depois de que isto fosse percebido e assinalado nas sessões, emergiram na análise aquelas lembranças da sua adolescência. Hernán encarnava na sua vida a personagem ativa do par "criança abusa/adulto abusador", que evoca a primeira tentativa de domínio pulsional mencionada no jogo infantil do "fort-da". (FREUD, 1920/1992l).

Desse modo, padecia ativamente o sofrido passivamente. A posição sexual passiva, que retornava na clínica por meio de suas múltiplas cavilações sobre se ele era ou não homossexual, ficou mascarada pela passagem para a posição ativa repetida compulsivamente.

Post scriptum e o trabalho da análise

Dois anos e meio depois de iniciado o tratamento, o paciente ficara estabilizado. Continuava a relação com "*la polaquita*", a quem já era chamada pelo seu nome próprio: Graciela. Continuava viajando pela sua atividade docente que realizava na formação de visitadores médicos. O tema laboral e suas possibilidades de ingressos ganharam prioridade nas sessões.

Em ocasião do seu retorno de uma dessas viagens, em sessão relatou o seguinte:

Tinha ministrado um curso em uma cidade da Província de Buenos Aires, e, durante seu retorno, passava com o carro por uma das praças. Nesse lugar viu uma mulher caminhando com um garoto de uns 10 ou 12 anos, iam de mãos dadas. Nesse momento passou um homem de bicicleta, que ao vê-los se aproximou deles de cara fechada e, em aparência, dizendo alguma coisa. A mulher soltou a

pacientes, pela sua vez, compreendam isto claramente e compartilhem esse cuidado conosco.

mão do garoto e se afastou, ficando de costas para eles. Então o homem enfiou uma mão dentro da calça do púbere e começou a masturbá-lo. Depois de um momento a mulher, que parecia a mãe do garoto, gritou alguma coisa para o homem, quem deixou de masturbar o rapaz e foi embora na bicicleta. A mulher pegou novamente na mão do púbere e partiram a pé.

Hernán me disse que ficou paralisado diante dessa cena. Mas que depois foi invadido pela raiva, mas de um modo tal que sentiu que se tivesse tido a oportunidade de chegar perto do homem da bicicleta, teria espancado ele com um ferro na cabeça. Minha interpretação desse relato de Hernán foi a seguinte: "Parece que, em algum momento da sua vida, talvez na sua puberdade, "o perverso" apareceu interposto na sua vida. E, pelo que acaba de falar, parece que só agora está retomando novamente seu caminho".

O sujeito inconsciente[29] *e a compulsão repetitiva*

Ambos os pacientes desdobraram na vida de relação suas temáticas inconscientes, sem dar por isso. Diagramavam cenas nas que envolviam outras pessoas: Leandro tirando dinheiro nos trabalhos ou roubando um amigo. Hernán por meio do circuito da prostituição e dos travestis. Estas cenas, com os pacientes transitando um processo analítico, iam se encenar inexoravelmente na transferência.

Então, enquanto concebo que a reiteração sintomática é levada à frente por um *sujeito inconsciente* que insiste em informar sobre

---

29 No capítulo seguinte vou desenvolver extensamente a noção de **sujeito inconsciente** que tento expor como um contributo ao campo psicanalítico.

seu estado, afirmo que a repetição compulsiva tem como último fim ser resolvida com a terapia analítica[30].

Desse modo, desejo salientar o sentido prospectivo que lhe outorgo à compulsão à repetição.

Sabemos que o texto *Além do princípio do prazer* (FREUD, 1920/1992l) assinala a passagem da primeira tópica para a segunda, com o ingresso na teoria da pulsão de morte e a compulsão à repetição. Vale a pena lembrarmos o modo em que Freud define a compulsão à repetição: "Então, que relação guarda a compulsão à repetição com o princípio do prazer, a exteriorização forçosa do recalcado?" (p, 20)[31] [O sublinhado me pertence]

Com o qual, já não se repete apenas para reiterar um prazer vivenciado anteriormente trata-se, porém, de uma força que obriga a isso, embora a situação repetida não seja prazerosa.

Desse modo, chegamos a um cruzamento de caminhos com consequências teórico-clínicas inevitáveis. Se optarmos pelo caminho iluminado pela pulsão de morte, dirigimo-nos para o masoquismo. Pelo contrário, ao escolher a direção do sujeito inconsciente que proponho, o nosso ponto de chegada é a desidentificação com a consequente mudança subjetiva. Pelo resultado da minha clínica com Hernán, *opto pelo sujeito inconsciente.*

Sustento que o motivo de base pelo qual um paciente consulta um analista é, a partir da minha perspectiva, o almejo do seu

30 Freud o pensa como a passagem da neurose comum a uma neurose de transferência. D. Meltzer chama este processo de "colheita da transferência", que se produz espontaneamente, sempre que o analista não o interfira.

31 Na Standard Edition a frase diz: *"But how is the compulsion to repeat-the manifestation of the power of the repressed-related to the pleasure principle?"* cuja tradução seria: "Mas, como está a compulsão à repetição- a manifestação do poder do recalcado-relacionada com o princípio do prazer".

desdobramento subjetivo, obstaculizado em seu desenvolvimento. Mesmo que o próprio paciente não saiba disso!

26. Sobre a eficácia psicanalítica

A questão sobre a eficácia da psicanálise, como mencionei em meu "Estudo sobre o conceito de *agieren*", foi claramente formulada por André Green por meio da frase Do que se trata? em sua conferência de Milão. Da minha perspectiva, fui retomar uma reflexão de Lacan (1977), no Seminário 24, já no final de sua obra: "Ainda estou para questionar a psicanálise sobre como ela funciona. Como é que isso constitui uma prática que às vezes é até eficaz?"

Ainda que a verdade seja que a pergunta sobre a eficácia clínica da psicanálise esteve presente nas ideias do próprio Freud, desde muito cedo. Nesse sentido, é relevante a frase que James Strachey inclui na Nota Introdutória, de *Análise Terminável e Interminável*, em que Freud disse a Wilhelm Fliess, na Carta 133 do epistolário, o seguinte: "a conclusão assintótica da cura é essencialmente indiferente para mim; antes, decepciona os profanos" (FREUD,1950[1895]/1992f).

Ele também manifestou essa posição sobre a cura em trabalhos sobre a técnica, ao final de sua obra, em que ele não deixava de denotar um certo ceticismo quanto à eficácia da psicanálise. Por exemplo, em *Recordar, repetir e elaborar*, Freud (1914/1992s) ele o afirmava da seguinte maneira:

> *(cit.)Nessas circunstâncias o médico não tem mais nada que esperar, apenas consentir um decurso que não pode ser evitado, mas tampouco apurado. (...) <u>Na prática, esta reelaboração das resistências pode se tornar uma árdua tarefa para o analisado e uma prova de paciência para o médico</u> (p. 157, grifos do autor).*

Além disso, em *Análise Terminável e Interminável* (FREUD,1937/1991c), ele observou o seguinte: "Dos três fatores que reconhecemos como decisivos (traumáticos, a consideração quantitativa e alterações do Eu), aqui interessa apenas o do meio, o das pulsões"(p. 227)

E concluiu suas ideias desta forma: "A retificação subsequente [nachträglich] do processo de recalque original, que põe fim ao hiperpoder do fator quantitativo, seria então a operação genuína da terapia analítica (p. 230).

Por sua vez, sendo que o ponto de referência era a dualidade pulsional, ao questionamento da eficácia clínica somava-se a pulsão de morte.

Por outro lado, lutam contra nós a transferência negativa, a resistência do Eu à repressão (isto é, seu desprazer em se expor ao difícil trabalho proposto), o sentimento de culpa originado da relação com o Supereu e a necessidade de estar doente ancorada em profundas alterações na economia pulsional (FREUD, 1940[1938]/1991f, p. 181).

Depois de oferecer esta exígua síntese da posição de Freud, referida à cura analítica, é importante frisar que a questão permanece pendente até os dias de hoje. Para tanto, proponho considerar o que Juan David Nasio (2007) afirma em seu último livro.

> *Esta pergunta que nos formulamos após o último aperto de mão e depois que a porta se fechou atrás daquela pessoa que não será mais nosso paciente é a seguinte: o que aconteceu para que ela esteja bem agora? No final de cada terapia bem-sucedida, sempre me faço a mesma pergunta e nunca consigo respondê-la totalmente.*
>
> *Assim, o melhor lema que um psicanalista pode adotar é inspirado no famoso ditado de Ambroise Paré: "Eu o tratei, Deus o curou" Assim, gostaria de propor o aforismo que me orienta.* ***Escuto meu paciente com todas as forças do meu inconsciente como psicanalista, mas é o Desconhecido que o cura*** *(p. 146, grifos do autor)*

Não deixo de considerar que, nesta fase da colocação do problema e com os autores citados, incluindo Freud, a postulação sobre a eficácia clínica da psicanálise é particularmente relevante e é o que tentarei trazer a seguir.

Em princípio, ao contrário do sujeito do inconsciente, de raízes freudo-lacanianas ligadas à pulsão sexual, proponho outra noção, que denomino *sujeito inconsciente*.

Afirmo que somos habitados por um "sujeito em devir" que está impedido de se desenvolver. Considero que ele se encontra em consonância com o *Spaltung* freudiano, como uma divisão da personalidade psíquica e também com a noção de self verdadeiro proposta por Winnicott.

Do ponto de vista clínico, embora os pacientes possam não ter plena consciência disso, considero que os analistas são chamados como especialistas em detecção e remoção dos obstáculos que impedem o desenvolvimento do sujeito inconsciente. Como expliquei na segunda metade da sequência gráfica "Mesmidade e Outridade, categorias teóricas de uma metapsicologia expandida"[32] e conforme declarado em meu site, nosso mundo mental não incluiria apenas objetos, como propõe o arcabouço psicanalítico geral. Em vez disso, como uma expansão da metapsicologia clássica, os outros também estariam inscritos na vida psíquica como tais.

Desse modo, o conteúdo mental seria constituído de cenas em que o sujeito e os outros seriam habitantes naturais e protagonistas do psiquismo por direito próprio. São os nossos outros significativos que nos colocam em um "lugar" como sujeitos, o que supõe tanto subjetividade quanto sujeição a eles. Instalar-se "em forma excessiva", em tais locais, implicaria estar ancorado a uma posição de sujeito e a certos outros. É sobre nossa posição no mundo, a partir da qual outorgamos sentido às trocas intersubjetivas. Da perspectiva vincular que estou usando, penso a repetição como consequência e efeito das ancoragens subjetivas. Elas constituem um pensar e agir, de forma sistemática, a partir de um "lugar".

O sujeito inconsciente está sempre ativo e tende a se estabelecer nas relações interpessoais. Por isso, quando um paciente inicia uma análise, o sujeito inconsciente irá concentrar-se no vínculo com o analista.

Ele tenderá a estar presente por meio do "processo analítico", a partir do qual ele nos "falará" com seu dizer e fazer em sessão.

Isso não acontecerá em forma estática, mas dinâmica, no estilo de um carrossel. Creio que é assim que a psicanálise "trabalha", pois, dependendo das propostas que os pacientes nos fazem, às vezes

---

32 Parte do meu livro "Do que se trata? Uma resposta possível" (KRAKOV. 2018).

teremos que encarnar um dos outros significativos, outras vezes o próprio sujeito.

A tramitação psíquica em uma análise seria realizada em duas etapas. Inicialmente, por meio de atos transferenciais com o analista. E, apenas em um segundo momento, seria possível abranger o que é posto em ato por meio do pensamento reflexivo. As cenas que se repetem na transferência possuem argumentos e personagens, para os quais a pré-condição para a mudança psíquica ocorrerá quando os pacientes, encarnando o "outro" da repetição insistente, nos colocarem em "seu lugar" da cena original.

A modificação psíquica será efeito da apropriação subjetiva que o paciente fizer de um certo "fazer" do analista, diferentemente da atitude que o paciente tinha no momento em que a cena repetitiva foi instalada no momento original. A apropriação desse "fazer diferente" do analista condicionará o paciente a se desidentificar do outro, que estava em vigor em sua vida psíquica. A desancoragem e a mudança que isso acarreta permitirão que a cena seja desarticulada e perca validade.

Ressalto que esta apropriação não é uma nova identificação, desta vez com o analista. Tem a ver com que o paciente, sob efeitos da transferência, consiga se desancorar do lugar a que foi sujeito, por identificar-se com o outro significativo, a partir do qual estava participando da cena.

Um aspecto central a considerar são os pacientes não têm condição de fazer uma mudança subjetiva por conta própria. Por exemplo, refletindo sobre sua ancoragem, ou por meio de percepções do processo secundário. Faço essa consideração desta maneira, porque a cena inclui também o outro, por isso será necessário que ambas as personagens sejam "encarnadas". O "fazer do outro", neste caso, do analista, possui um valor fundamental para desativar a repetição e favorecer a mudança subjetiva. Para concluir, postulo que a mudança psíquica será realizada na transferência, por meio de um certo "fazer" do analista e que o paciente deveria ter a capacidade de se apropriar desse atuar diferente em "cena", a serviço da mudança subjetiva.

Tenho certeza de que é nisso que consiste a psicanálise clinicamente eficaz!

Referências

BORENSZTEJN, C. L. El enactment como concepto clínico convergente de teorías Divergentes. *Revista de Psicoanálisis de la Asociación Psicoanalítica Argentina*, Buenos Aires, Tomo LXVI. Número 1. 2009.

BUSCH, F. ¿Es posible hacer pasar un camello por el ojo de una aguja? Reflexiones sobre la forma en que nos habla el inconsciente". *Revista de Psicoanálisis de la Asociación Psicoanalítica Argentina*, Buenos Aires. Tomo LXVI, n. 1. 2009.

CASSORLA, R. M. S. Del baluarte al "Enactment": El "No-sueño" en el teatro del Análisis. *International Journal of Psychoanalysis*, v. 86, n. 3, p. 699-719, 2005.

ELOE, M. G. Psicoanálisis y cura. In: XXXVIII *Congresso Nacional de Psicanálise da Associação Psicanalítica Mexicana*, dezembro, Univiversidad Iberoamericana, México, D.F. 1998.

ETINGER, D. S.O.S. In: EOL (Orgs.). *La cura psicoanalítica tal como es: treinta relatos clínicos*. Buenos Aires: Editorial EOL, 1992, p. 243-251.

FREUD, S. 27ª conferencia. La trasferencia. In: *Obras Completas* (Volumen XVI). Buenos Aires: Amorrortu editores, 1991a, p. 392-407.

FREUD, S. 28ª conferencia. La terapia analítica. In: *Obras Completas* (Volumen XVI). Buenos Aires: Amorrortu editores, 1991b, p. 408-422.

FREUD, S. Análisis terminable e interminable (1937). In: *Obras Completas* (Volumen XXIII). Buenos Aires: Amorrortu editores, 1991c, p. 211-254.

FREUD, S. Construcciones en el análisis (1937). In: *Obras Completas*. Volumen XXIII. Buenos Aires: Amorrortu editores, 1991d, p. 255-270.

FREUD, S. El chiste y su relación con lo inconciente (1905). Obras Completas (Volumen VIII). Buenos Aires: Amorrortu editores, 1991e.

FREUD, S. Esquema del Psicoanálisis (1940[1938]). In: *Obras Completas*. Volumen XXIII. Buenos Aires: Amorrortu editores, 1991f, p. 133-210.

FREUD, S. La etiología de la histeria (1896). In: *Obras Completas* (Volumen III). Buenos Aires: Amorrortu editores, 1991g, p. 185-218.

FREUD, S. Las perspectivas futuras de la terapia psicoanalítica (1910). In: *Obras Completas* (Volumen XI). Buenos Aires: Amorrortu editores, 1991h, p. 129-142.

FREUD, S. Moisés y la religión monoteísta (1939[1934-38]). In: *Obras Completas* (Volumen XXIII). Buenos Aires: Amorrortu editores, 1991i, p. 1-132.

FREUD, S. Nuevas conferencias de introducción al psicoanálisis (1933[1932]). In: *Obras Completas* (Volumen XXII). Buenos Aires: Amorrortu editores, 1991j, p. 1-168.

FREUD, S. Sobre el psicoanálisis "silvestre" (1910). In: *Obras Completas* (Volumen XI). Buenos Aires: Amorrortu editores, 1991k, p. 217-228.

FREUD, S. ¿Pueden los legos ejercer el análisis? Diálogos con un juez imparcial (1926). In: *Obras Completas* (Volumen XX). Buenos Aires: Amorrortu editores, 1992a, p. 165-244.

FREUD, S. Consejos al médico sobre el tratamiento psicoanalitico (1912). In: *Obras Completas* (Volumen XII). Buenos Aires: Amorrortu editores, 1992b, p. 107-120.

FREUD, S. De la historia de una neurosis infantil (1918[1914]). In: *Obras Completas* (Volumen XVII). Buenos Aires: Amorrortu editores, 1992c, p. 1-112.

FREUD, S. Dinámica de la transferencia (1912). In: *Obras Completas* (Volumen XII). Buenos Aires: Amorrortu editores, 1992d, p. 93-106.

FREUD, S. Dos artículos de enciclopedia: "Psicoanálisis" y "Teoría de la libido" (1923[1922]). In: *Obras Completas* (Volumen XVIII). Buenos Aires: Amorrortu editores, 1992e, p. 227-254.

FREUD, S. Estudios sobre la histeria (1893). *Obras Completas* (Volumen II). Buenos Aires: Amorrortu editores, 1992f, p. 1-26.

FREUD, S. El método psicoanalítico de Freud (1904[1903]). In: *Obras Completas* (Volumen VII). Buenos Aires: Amorrortu editores.1992g, p. 233-242.

FREUD, S. El uso de la interpretación de los sueños en el psicoanálisis (1911). In: *Obras Completas* (Volumen XII). Buenos Aires: Amorrortu editores, 1992h, p. 83-93.

FREUD, S. Estudios sobre la histeria (Josef Breuer y Sigmund Freud). *Obras Completas* (Volumen II). Buenos Aires: Amorrortu editores, 1992i.

FREUD, S. Fragmento de análisis de un caso de histeria (1905[1901]). In: *Obras Completas* (Volumen VII). Buenos Aires: Amorrortu editores.1992j, p. 1-108.

FREUD, S. 71 Inhibición, síntoma y angustia (1926[1925]). In: *Obras Completas* (Volumen XX). Buenos Aires: Amorrortu editores, 1992k, p. 71-164.

FREUD, S. Lo inconciente (1915). In: *Obras Completas* (Volumen XIV). Buenos Aires: Amorrortu editores, 1992, p. 153-214.

FREUD, S. Más allá del principio placer (1920). In: *Obras Completas* (Volumen XVIII). Buenos Aires: Amorrortu editores, 1992l, p. 1-62.

FREUD, S. Nuevos caminos de la terapia psicoanalitica (1919[1918]). In: *Obras Completas* (Volumen XVII). Buenos Aires: Amorrortu editores, 1992m, p. 151-164.

FREUD, S. Observaciones sobre la teoría y la práctica de la interpretación de los sueños (1923[1922]). In: *Obras Completas* (Volumen XIX). Buenos Aires: Amorrortu editores.1992n, p. 107-122.

FREUD, S. Psicología de las masas y análisis del yo (1921). In: *Obras Completas* (Volumen XVIII). Buenos Aires: Amorrortu editores, 1992o, p. 63-136.

FREUD, S. Puntualizaciones sobre el amor de trasferencia (Nuevos consejos sobre la técnica del psicoanálisis, III) (1915[1914]). In: *Obras Completas* (Volumen XII). Buenos Aires: Amorrortu editores, 1992p, p. 159-176.

FREUD, S. Proyecto de psicología (1950[1895]). In: *Obras Completas* (Volumen I). Buenos Aires: Amorrortu editores, 1992q, p. 323-446.

FREUD, S. Pulsiones y destinos de pulsión (1915). In: *Obras Completas* (Volumen XIV). Buenos Aires: Amorrortu editores, 1992r, p. 105-134.

FREUD, S. Recordar, repetir y reelaborar (1914). In: *Obras Completas* (Volumen XII). Buenos Aires: Amorrortu editores, 1992s, p. 145-158.

FREUD, S. Sobre el mecanismo psíquico de fenómenos histéricos: comunicación preliminar (Breuer y Freud) (1893). *Obras Completas* (Volumen II). Buenos Aires: Amorrortu editores, 1992t, p. 27-44.

FREUD, S. Sobre la iniciación del tratamento (Nuevos consejos sobre la técnica del psicoanálisis, I) (1913). In: *Obras Completas* (Volumen XII). Buenos Aires: Amorrortu editores, 1992u, p. 121-144.

FREUD, S. Sobre psicoterapia (1905[1904]). In: *Obras Completas* (Volumen VII). Buenos Aires: Amorrortu editores.1992v, p. 243-258.

FREUD, S. Trabajos sobre hipnosis y sugestión (1888-92). In: *Obras Completas* (Volumen XXIII). Buenos Aires: Amorrortu editores, 1992x, p. 67-77.

FREUD, S. Tratamiento psíquico (tratamiento del alma) (1890). In: *Obras Completas* (Volumen I). Buenos Aires: Amorrortu editores, 1992z, p. 111-132.

FREUD, S. Fragment of an Analysis of a Case of Hysteria (1905[1901]). In: *The Standard Edition of the Complete Psychological Works of Sigmund Freud, Volume VII (1901-1905): A Case of Hysteria,*

Three Essays on Sexuality and Other Works. London: Hogarth Press, 1905[1901], p. 1-122.

FREUD, S. *The Standard Edition of the Complete Psychological Works of Sigmund Freud, Volume VIII (1905): Jokes and their Relation to the Unconscious*. London: Hogarth Press, 1905.

FREUD, S. The Dynamics of Transference (1912). In: *The Standard Edition of the Complete Psychological Works of Sigmund Freud, Volume XII (1911-1913): The Case of Schreber, Papers on Technique and Other Works*. London: Hogarth Press, 1912, p. 97-108.

FREUD, S. Remembering, repeating and working-through (further recommendations on the technique of psycho-analysis II) (1914). In: *The Standard Edition of the Complete Psychological Works of Sigmund Freud, Volume XII (1911-1913): The Case of Schreber, Papers on Technique and Other Works*. London: Hogarth Press, 1914, p. 145-156.

FREUD, S. Beyond the Pleasure Principle (1920). In: *The Standard Edition of the Complete Psychological Works of Sigmund Freud, Volume XVIII (1920-1922): Beyond the Pleasure Principle, Group Psychology and Other Works*. London: Hogarth Press, 1920, p. 7-64.

FREUD, S. The question of lay analysis (1926). In: *The Standard Edition of the Complete Psychological Works of Sigmund Freud, Volume XX (1925-1926): An Autobiographical Study, Inhibitions, Symptoms and Anxiety, The Question of Lay Analysis and Other Works*. London: Hogarth Press, 1926, p. 175-270.

FREUD, S. Moses and Monotheism: Three Essays (1939 [1934-38]). In: *The Standard Edition of the Complete Psychological Works of Sigmund Freud, Volume XXIII (1937-1939): Moses and Monotheism, An Outline of Psycho-Analysis and Other Works*. London: Hogarth Press, (1939[1934-38]), p. 1-140.

FREUD, S. An outline of psycho-analysis (1940[1938]). *The Standard Edition of the Complete Psychological Works of Sigmund Freud, Volume XXIII (1937-1939): Moses and Monotheism, An Outline of Psycho-Analysis and Other Works*. London: Hogarth Press, (1940[1938]), p. 140-296.

FREUD, S. *Gesammelte Werke (chronologisch geordnet) insgesamt XVIII Bände (tomos)*, I-XVIII. Frankfurt: Fischer Taschenbuch Verlag, 1999.

GREEN, A. ¿Una sesión interactiva? *Revista de Psicoanálisis de la Asociación Psicoanalítica Argentina*, Buenos Aires. n. 50, v. 4/5, 1993.

GREEN, A. *La metapsicología revisitada*. Buenos Aires: Eudeba, 1996.

GREEN, A. La representación y lo irrepresentable. *Revista de Psicoanálisis de Asociación Psicoanalítica Argentina*, Buenos Aires, n. 6, 1998-1999.

GREEN, A. ¿De que se trata? In: LERNER, H; STERNBACH, S (Orgs.) *Organizaciones fronterizas, fronteras del psicoanálisis*. Buenos Aires: Lugar Editorial, 2007.

GREEN, A. Repetition compulsion and the pleasure principle. *Berlin IPA Congress*, Special lecture, Berlin, Julio del 2007.

KRAKOV, H. Acerca de la noción de mudanza subjetiva. Exploración conceptual desde una metapsicología ampliada. *Revista de la Asociación Argentina de Psicología y Psicoterapia de Grupo*, Buenos Aires, v. XXI, n. 1, 2007.

KRAKOV, H. Estudio sobre el concepto de *agieren*. *Revista de Psicoanálisis*, Buenos Aires, n. 3, v. LXVII, 2010.

KRAKOV, H. *Anclaje subjetivo en pacientes tratados psicoanalíticamente en pareja*. Tesis doctoral. USAL. Buenos Aires, 2015.

KRAKOV, H. *¿De qué se trata? Una respuesta posible*. Buenos Aires: Waldhuter Editores, 2018.

KRAKOV, H. Tramitar en acto y cambio psíquico. *Revista Psicoanálisis, de la Asociación Psicoanalítica Colombiana*, Bogotá, v. 31, n. 1, 2019.

KRAKOV, H. Alegato por un psicoanálisis que cure. *Revista Psicoanálisis, de la Asociación Psicoanalítica Colombiana*. Bogotá, v. 31, n. 2, 2020.

KRAKOV, H. *Psicoterapia desde una perspectiva vincular. Diseño de una guía clínica*. Buenos Aires: Ricardo Vergara Ediciones, 2020.

KRAKOV, H. Sobre la eficacia psicoanalítica. *Psychoanalisis Today. Blog de la International Psychoanalitical Association*. 2019. Disponível em: <https://www.psychoanalysis.today/en-GB/PT-Psychoanalytic-Reflections/On-Psychoanalytic-Efficacy.aspx>. Acesso em 11 fev. 2022.

LACAN, J. *La angustia. Seminario 10*. Buenos Aires: Paidós, 2006. 1962-1963

PAZ, C. A. Del Agieren al Enactment, un siglo de cambios y avances. *Revista Psicoanálisis de la Asociación Psicoanalítica de Madrid*, Madrid, n. 50, 2007.

SANCHEZ GRILLO, M. R. El enactment en el análisis de niños. *Revista Psicoanálisis de APdeBA*, Buenos Aires, v. XXVI, n. 2, 2004.

SAPISOCHIN, G. Variaciones post-freudianas del Agieren: sobre la escucha de lo puesto en acto. *Revista Psicoanálisis de la Asociación Psicoanalítica de Madrid*, Madrid, n. 50, 2007.